新教学理论速览

新学习/新教学译丛 盛群力 滕梅芳 主编

[美]杰伊·麦克泰(JAY McTIGHE) 等 著

盛群力 滕梅芳 等 译

教育科学出版社
·北 京·

目录

1

运用脑科学改进学习

（USING BRAIN SCIENCE TO MAKE LEARNING STICK, 2020）

［美］布莱恩·古德温（Bryan Goodwin）
托妮亚·吉布森（Tonia Gibson） 著

徐玲玲[1] 译

6 个学习阶段

25 条来自脑科学的发现

27 条课堂教学建议

① 浙江大学教育学硕士，浙江理想教育研究院研究人员。

学习是如何发生的？

学习科学是关于大脑如何收集、过滤、处理、储存和检索信息的科学。当教师基于学习科学对课时及单元进行设计和教学时，学生的学习能得以加快并深化。教师向学生提供各种能够反映大脑如何将新信息转化为记忆的学习经验，可以让整个学习过程效率更高、更具吸引力、更富成效。下列步骤将有助于我们了解学习的过程，进而有效地运用后述的学习模式。

要想学习任何事物，我们必须首先注意到大脑中的**感觉登记器**，它负责检测和处理环境中的刺激物。

大脑会有意地过滤掉感觉登记器中接收到的绝大多数刺激。那些顺利通过感觉登记器的刺激将会进入**瞬时记忆**，并在那里保留大约30秒。

如果我们有意识地关注瞬时记忆中的信息，这些信息就会被转移到大脑的**工作记忆**中。工作记忆保留信息的时间大约为5～20分钟。

当新信息被保留在工作记忆中时，如果我们重复、演练、情境化并且运用这些新信息，它们就会进入**长时记忆**，供后续检索和使用。

上述过程看似简单，但事实上，我们的大脑非常善于忽略和忘记：大部分进入大脑的信息都会被忽略或丢弃，无法进入长时记忆。接下来会介绍一种学习模式。应用该模式，既可以帮助教师“揭示”学生大脑中上述漫长又充满惊险的信息处理过程，也可以助力学生顺利达成深度学习——无论是何种年级水平、学科领域或背景。

该模式的各个阶段所针对的并非教师的具体教学行为，而是当学生进行深度学习的时候，其大脑中所发生的事情。这一微妙而重要的思维转变，旨在帮助教师在教学的同时要考虑到学生的学习情况，并且思考作为教师有哪些做法可以促进学生的深度学习。

产生兴趣	投入学习	聚焦新知	理解意义	练习 / 反思	拓展 / 应用
大脑一直处于数量庞大的各种刺激物的轰炸之下，但它只能注意到那些新奇或有趣的事物。所以，学生必须首先对某一事物产生兴趣，才会开始学习。	学习需要投入精力。如果学生知道自己将要学习什么知识，以及这些知识为什么值得自己付出努力，他们会更有可能投入精力去学习。	学生在学习时，必须采用能够使工作记忆最易吸收信息的方式，包括积极参与学习新知识，以及将新知识可视化。	工作记忆一次只能保存有限的信息，在几分钟后往往就会“暂停”。因此，教师必须给学生留一些停顿的时间，让他们对新知识进行处理和消化。	重复可以将知识编码成长时记忆。因此，为了让知识得以巩固，学生需要在一段时间内间隔安排的各个练习环节中回忆、重复、演练及反思新知识。	为了能够储存和检索新知识，学生还需要有机会对新知识开展批判性思考，构建所学知识的心智模式，使用新知识来解决现实世界中的真实问题。

六阶段学习模式

产生兴趣

要开始学习之旅，学生必须过滤掉各种干扰，把注意力集中在新知识的学习上。简而言之，要学习某一事物，学生必须做到聚精会神。

来自脑科学的发现

学生的感官一直处于各种刺激的轰炸之下，每秒钟有多达1100万比特的信息。但是，平均而言，学生的大脑每秒钟只能吸收约120比特的信息。

为了应付感官超载问题，大脑会忽略大部分的刺激，且首先关注那些引起人情绪起伏的刺激，然后再关注那些新奇或有趣的刺激。

对课堂教学的启示

学生必须感到学习是安全的。

他们只会学习自己关注到的事物（例如，他们觉得有趣、有价值或有意义的东西）。

如果你想让学生学习任何事物，请用一项具有吸引力的事物来激发学生的学习兴趣。

帮助学生产生兴趣的小建议

激发好奇心。在你准备开展课堂和单元教学时，用神秘事物、争议事件、悬念或者认知冲突（即不符合学生预期的信息）来引起学生的兴趣。

关注知识缺口。你可以在激活学生的先验知识后，用“你知道________，但你是否知道________呢？”这个简单问句来提问学生，以此暴露学生知识所存在的缺口，从而激发其好奇心。

投入学习

一旦某一事物引起了学生的兴趣，他们会迅速判断是继续对该事物保持关注，还是转移注意力到他处，或是把自己的大脑调整到低付出模式。请记住这一点，学生真正学到的本领是他们通过主动投入学习获得的。

来自脑科学的发现

学生关注的信息会进入瞬时记忆，并在那里停留大约30秒。

如果学生无法有意识地聚焦新信息，这些信息就会迅速从学生的注意和记忆中消退。

专注学习，必须克服大脑想要节省精力和获得休息的倾向。

大脑情绪面要强于理智面，因此，学生必须感到喜欢学习，才会去开始学习。

学生更有可能喜欢学习那些具有个人意义或价值的事物。

对课堂教学的启示

当学生认识到“这些东西对我有哪些好处”之后，他们会更有动力一直开动大脑进行学习。

当学生设定了个人学习目标之后，他们会更有可能坚持学习，因为他们发现学习是有意义以及可达成的。

帮助学生投入学习的小建议

WIIFM。帮助学生了解“这些东西对我有哪些好处（What’s in it for me，简称‘WIIFM’）”来激发学习。为什么学习它很重要？人们在现实世界中如何运用它？

用大概念或问题勾勒知识框架。在具有吸引力的大概念或问题（例如，“为什么三权分立对于民主制度而言是必要的?”）的推动下，学生会更有可能投入学习。

给出学习目标和成功标准。如果学生知道自己要做些什么，包括学习目标[例如，“我们要学习________以便（或因为）________”]以及成功标准（例如，“我可以展示________或者解释如何________”），他们会更有可能投入学习。

帮助学生设定个人目标。当学生拥有个人学习目标的时候[例如，K-W-L表：我已知道（know）什么？我想要学（want）什么？我学到了（learned）什么？]，学生会更有可能坚持学习。

聚焦新知

一旦学生产生兴趣并且投入学习（即已经做好学习的心理准备），新的挑战便出现了：如何帮助大脑吸收新信息——简而言之，聚焦新知。

来自脑科学的发现

当学生聚焦于新知识的时候，这些信息就会进入工作记忆，并在那里停留5~20分钟。

工作记忆比较善于处理以视觉及言语形式呈现的信息。

除了处理外部刺激之外，工作记忆还会进行检索并将先验知识与新学习的知识进行整合。

当学生能够将抽象概念和具体例子联系起来的时候，学习效果是最好的。

动手做笔记有助于学生主动进行言语（即听到的内容）和视觉（即文本的内容）学习。

对课堂教学的启示

教师需要利用直观而具体的例子，向学生告知并展示想要他们学习的内容。

学生只会学习他们所思考的内容——积极思考与原有知识相关联的内容。

教师应该鼓励学生做原创性笔记（即并非直接从黑板抄录的笔记）。

帮助学生聚焦新知的小建议

将视觉学习和言语学习相结合。教师可以通过一系列策略做到这一点，包括绘制思维导图、展示物理模型和教具、组织动觉活动，或者让学生把正在学习的知识形象化，如加以想象或者画成图画。

展示和讲解。帮助学生利用图形、图片、视频和具体例子，将新概念（即陈述性知识）形象化、可视化。

演示掌握步骤。流程演示有助于学生更好地想象并获得各项技能（即程序性知识）。

将有解的样例问题与需要学生自己解决的问题交替呈现。先和学生分享样例问题或能顺利完成的任务范例，然后给出类似的问题或任务让学生解决或完成，从扶到放帮助学生习得各项技能。

利用问题让学生的注意力保持在学习上。在学生碰到新概念的时候提出问题，可以帮助学生更加深入地思考学习内容（例如分析、比较、预测、归纳），检查理解是否正确，并且为学生演示如何在学习的同时反思学习内容这一有效的学习策略。

鼓励学生主动做笔记。做笔记要求学生提取主要内容和关键信息，可以促进学生对所学内容进行深入思考。此外，研究表明，做原创性笔记比直接抄笔记更有助于学习。

理解意义

工作记忆有各种限制，包括一次可以保留的信息量以及保持“工作状态”的时间。因此，学生需要经常停下来对学到的知识进行处理和消化，也就是理解意义。

来自脑科学的发现

工作记忆会在大约5～20分钟后“暂停工作”。

工作记忆一次只能保留大约7比特（或者也许只有4比特）的信息量。

学习的基本过程是把新信息归纳到学生已有的模式和类别中去（即需要学生对所学内容进行思考）。

对课堂教学的启示

教师必须将学习内容分为几个简短（5～20分钟）的部分，让学生的大脑有时间对新知识进行消化。

学生需要有机会对新知识进行反思，建立联系，做出归纳、比较和对照，以及开展讨论。

帮助学生理解意义的小建议

提出探索性问题。向学生提问（例如，为什么，如何，如果怎样将会怎样，以及你是怎么知道的）以激活原有知识，了解各个概念是如何联系起来的，理解事物的运作方式和原理，并且检查学生的先入之见（和错误观念）。

提供等待时间。在向学生提出问题之后，至少等待3秒钟才请学生做出回应，然后在学生做出回应后，再等待3秒钟再请其他学生回答。如此可以鼓励所有学生在脑海中对问题做出回应，反思所学知识，并且参与课堂讨论。

让学生进行比较、对照，以及创建比喻和类比。这些思维过程可以帮助学生深入思考新知识，并且将新知识和原有知识联系起来。为了确保学生能够积极思考学到的知识，教师可以给出一些引导，鼓励学生自行建立这些知识间的联系。

请学生总结所学知识。通过对信息进行整理、选择、组合和详述，学生可以大大提高对信息的理解能力。虽然学生应该自行总结，但是在刚开始的时候也需要教师给予一些引导，了解如何找出核心观点、进行分类，以及概括要点等。

利用小组合作来消化和处理知识。学生对新知识进行处理和消化的最好方法之一，就是参与小组讨论，尤其是那些需要学生协同理解的知识。

练习 / 反思

学生对于工作记忆中的信息越是加以关注，这些信息就越有可能在长时记忆中得以保留，以供将来进行检索和使用。事实证明，想在长时记忆中保存知识，最好的方法就是重复，即对知识加以练习。

来自脑科学的发现

集中练习即在单个环节中对同样的知识或技能进行演练，会造成学得快和忘得快。

分散练习是使信息长期储存和有效检索的最好方法——例如在几天甚至几个星期内间隔安排多个练习环节。

尝试回想新学习的知识（检索练习）可以加强神经通路以及提高储存和检索知识的能力。

反思性练习（即发现并弥补知识缺口）有助于长时记忆储存和检索信息。

对课堂教学的启示

帮助学生记住所学内容的一种非常有效的方法，就是让学生回忆新学习的知识，甚至是在学生认为自己已经了解相关知识之前就进行回忆。

通过让学生参与在一段时间内分散安排的多个练习环节，帮助学生牢记新知识。

向学生演示如何练习——如何进行自我测试以及反思知识掌握的缺口。

帮助学生练习/反思的小建议

通过测验进行记忆。尝试回忆新学习的知识，可以加强储存知识的神经通路。所以，对学生进行测验（例如，进行不打分的突击测验）可以提高他们储存和检索已学知识的能力。

提供练习机会。在理解了知识并且观看了技能演示之后，学生需要有机会回忆核心观点或者练习新技能。经过一些指导性练习并且获得反馈之后，学生就可以进行更多的独立练习。

提供形成性反馈。在学生练习的过程中，他们会需要大量非评价性的描述性反馈，以避免养成不正确的习惯或者错误观念；更重要的是，学生可以借此反思所学知识以及确定接下来要怎么做才能掌握知识。

将样例问题与需要学生自己解决的问题交替呈现。帮助学生进行技能型学习的最好方法之一，就是将有解的样例问题和需要学生努力解决的问题穿插呈现。

交叉和间隔安排练习。在一个练习环节中集中专注于某一项单独技能（集中练习），会造成一种学生已经掌握该项技能而不需要支架且教师可以放手了的错觉。如果学生在一段时间内参与多个（且短时的）练习环节（分散练习），并且在各个练习环节中兼顾在不同的情境下练习各种技能或同样的技能（交叉练习），他们将可以更好地记住新知识。

教导学生如何进行刻意练习。帮助学生明白，刻意练习是效果最佳的练习——它要求学生不断反思学习进展，并且专注于自己尚未掌握的技能或知识。

拓展 / 应用

即使经过了练习，如果所学知识在学生大脑中建立的联系太少，即如果学生没能将所学知识整合成大概念或者加以运用，那么其可能还是难以将所学知识留于长时记忆中。因此，深度学习的关键在于帮助学生拓展和应用所学知识。

来自脑科学的发现

储存信息和检索信息是两个不同的过程，这就是学生知道某些知识却难以回想起来的原因。

学生与所学知识建立的联系越多，他们就越能够储存和检索新知识。

学生与所学知识能够建立的最深联系之一就是个人关联，即与学生自身或者其经验的关联。

心智模式是所有深度学习的核心，即理解事物的运作方式和原理，并且知道在何时以及何种情况下运用相关知识。

通过向他人讲解自己的想法，流利连贯地阐述自己知道的是什么以及为什么，学生就可以形成并完善各个心智模式。

深度学习的关键在于，通过重新审视和完善心智模式，积极开展批判性思考。

对课堂教学的启示

如果学生可以将所学知识整合成大概念或主题，并且有机会在实践中加以运用的话，他们就可以更容易地回忆这些知识。

要记住新知识，学生要努力把握“用进废退”的原则，运用新知识解决各种问题或者应对现实生活中的各种挑战。

实施深度学习的最好方法（也许是唯一方法），就是让学生参与真实项目、解决问题、完成作业或者完成其他要求学生扩展和运用所学知识的学习任务。

帮助学生拓展/应用的小建议

让学生参与富有挑战性的探究式学习任务。围绕一个驱动性问题设计单元计划。这种驱动性问题应能够令学生运用所学知识研究某个问题，分析某个系统，解决某个问题或者创造性地进行归纳。

让学生展示自己的想法。帮助学生深化学习的最好方法之一，就是请学生通过各种问题（例如，它究竟是如何运作的？为什么那样是正确的？你为什么那样说？）把思考过程讲述出来，从而展示自己的想法。

鼓励学生把正在学习的知识写出来。经常写作记述，可以帮助学生理解所学知识，并且发现知识缺口。

在表现性评价中巩固知识。单元评价所衡量的不应该限于学生是否能够复述事实或者解决抽象问题，而是应该让学生参与富有挑战性的项目，这类项目要求学生能够展示自己深入思考所学到的知识以及运用知识解决现实世界中各种问题和挑战的能力。

单元设计实例

学科与案例	小学语言艺术 利用上下文线索确定词义	高中科学 物质及其相互作用
产生兴趣	让学生读路易斯·卡罗尔（Lewis Caroll）的诗歌《炸脖龙》（*Jabberwocky*），然后分小组尝试找出诗中的无意义单词。 小组讨论之后，鼓励学生确定自己为了推测新单词的含义所用到的“线索”。	让学生在车站感受神奇的静电现象（例如悬浮的塑料泡沫盘或漂浮起来的锡纸）。 询问学生：“在原子层面上发生了什么，才会产生这些现象？”让学生做出自己的科学假设。
投入学习	让学生明白优秀的读者是如何像单词侦探一样，利用各种线索来理解晦涩难懂的文章的。提示学生识别词义、语境、词性、同义词与反义词，以及教给他们使用其他优秀读者在阅读过程中会使用到的方法。 让学生用“我可以”语句，利用上下文语境找出词义（例如，“我可以确定不熟悉的单词所代表的词性”）。	告诉学生：这些现象是受各种科学原理影响的，并且在科学公式和实际应用（例如，污染防治、复印机、汽车零部件喷漆）中也反映了各种科学原理。 分享学习目标：我们将要学会创建和利用数学模型来解释我们对这些原子相互作用的理解。让学生协同制定成功标准（例如，“我可以构建一个模型，在原子层面上解释我对物质的观察结果”）。

续表

学科与案例	小学语言艺术 利用上下文线索确定词义	高中科学 物质及其相互作用
聚焦新知	通过多节课，让学生专注于学习新的阅读技巧。例如，让全班学生细读《炸脖龙》的第一节诗，并且确认无意义单词的词性。 在互动白板上进行视觉学习和言语学习。利用探索性问题来引导讨论（例如，“toves是一个名词吗？为什么这么说呢?”）	通过一系列的课堂学习，让学生专注于理解这些现象，并且利用公式对各种现象进行预测。 例如，通过多媒体教学，让学生了解、观察和实验静电的原理，并掌握用于预测这些现象的公式（例如，库仑定律）。在学生学习运用公式的同时，和学生分享并讨论一些已经解决的问题。
理解意义	让学生阅读蛋头先生（Humpty Dumpty）是怎么向爱丽丝（Alice）讲解《炸脖龙》的。让学生分组讨论确定蛋头先生给出的词性，并且将他们先前的猜想与蛋头先生的讲解进行比较。然后，让学生分组讨论确定后面三节诗中的无意义单词的词性并猜测相关含义。请每个小组派代表在全班分享相关词性和含义的猜测结构。	在学生学习了新概念（例如，将矢量应用到电场中）之后，开展交互式教学并回顾课堂笔记。让一名小组成员总结核心观点，再让另一名成员提出相关问题，由第三名成员做出解释，并由第四名成员预测学习方向。注意听取一些错误观念，这样才可以在随后的全班讨论中解决一些概念混淆问题。
练习 / 反思	让学生自己判断接下来两节诗中新单词的词性，并猜测相关含义。检查学生的理解情况并提供实时反馈。在本单元课程学习期间，让学生利用这一项新技能进行检索练习和分散式练习。	利用分散练习和交叉练习环节，帮助学生达到能够熟练地计算电场矢量、应用库仑常数，以及比较重力和静电力的目标。
拓展 / 应用	通过多节课的学习，帮助学生掌握知识和具备使用上下文线索的技能，然后让学生进行下列活动。 为学生提供进行大脑延伸锻炼的机会——阅读稍微高于学生目前个人阅读水平的材料，要求学生通过上下文线索进行理解。随后，让学生用自己的话对阅读材料进行总结，并分享至少五个新单词以及自己为了理解这些单词所用到的策略。	在单元学习的最后，让学生利用所积累的知识，通过书面（用科学语言）、图形和数学模型，对单元学习开始时神奇的静电实验做出解释。作为最后的一项挑战性任务，让学生利用其他真实例子，选择一种现象进行探索研究，并为同伴录制一段五分钟的视频，解释其中的科学原理和涉及的数学模型。

注：上述简化的例子并非用于实际的单元教学计划，而是为了展示前述模式中所包含的学习阶段。

常见问题

学生真的需要对每一节课都产生兴趣吗?

除非你不想让他们学习！如果学生对学习不感兴趣，那么他们在学习中体验到的每一个环节都会是一种折磨。不过，在实践中，你可能会希望围绕大概念或基本问题来拟定单元教学框架，并且在每节课上利用更细小的问题、令人疑惑的概念以及知识缺口来引起学生的兴趣。

学生应该有学习目的或目标吗?

是的！学生应该有学习目的和目标。更广泛而言，长期学习目标往往和单元知识联系起来，而短期学习目标、成功标准则应该与每一节课联系起来。

每一节课结尾的时候都需要有一个“拓展/应用”环节吗?

不一定。课堂应该为学生提供基础知识和技能，让学生在单元学习结束时参与富有挑战性的学习任务或在开展调查的时候能够对所学知识、技能加以拓展和应用。

我应该在每个阶段分别安排多少时间?

你不应该把这个模式用作教学步骤的安排指南，而应作为制订学习计划的指南。你在哪个阶段安排多少时间，要考虑学生在这个阶段需要学习或完成的内容，以及根据你的观察和形成性评价，判断学生是否已经准备好进入下一个阶段的学习。

这个模式是循序渐进的，但是学习真的是这么线性刻板的吗?

不，我们建议对这个模式的解释通常应该是更具迭代性的，而非刚性的（例如，在学生学习以及尝试理解某个事物的过程中，他们可能会越来越感兴趣）。即便如此，如果学生在某个时期没有全部参与上述六个阶段的学习，那么学生可能不会实现深度学习。

我应该把这个模式教给学生吗?

当然！向学生展示大脑的工作原理，可以帮助学生更好地反思自身的学习情况，并且有助于教师从学生那里获得关于哪些学习活动对学生而言是最有效的反馈（例如，“我们今天的合作学习活动是否能够帮助你理解所学知识呢?”）。

作者简介

布莱恩·古德温（Bryan Goodwin），曾任高中教师、大学讲师以及新闻工作者，目前担任美国中部国际教育研究院（McREL International）[①]总裁兼首席执行官，对如何开展有效的教育实践进行探索研究且有深刻见解，并且为美国及世界各地的学区、州部门以及其他机构提供咨询。他已经撰写了多本由美国督导与课程开发协会（ASCD）[②]出版的图书，包括《惟学无际：幼儿园至12年级脑本位教学设计与实施模式》（*Learning That Sticks: A Brain-Based Model for K-12 Instructional Design and Delivery, 2020*）。

托妮亚·吉布森（Tonia Gibson），曾在澳大利亚墨尔本担任小学教师和副校长。作为McREL学习服务团队的成员，她一直在帮助学区领导、学校领导和教师提高专业实践能力以及协助学校进行系统改进。她还与人合著了两本由ASCD出版的图书，其中一本是《放飞自我：好奇心、同伴辅导以及团队协作如何变革学校》（*Learning That Sticks and Unstuck: How Curiosity, Peer Coaching, and Teaming Can Change Your School*）。

---

① 美国中部国际教育研究院（McREL International）是一个非营利组织，主要通过能够提高教学、学习和领导能力的各种研究资源、专业学习服务以及咨询解决方案，帮助世界各地的学校系统得到良好发展。

② 美国督导与课程开发协会（ASCD）帮助教育工作者成为卓越的学习者、教育者和领导者，从而使每个孩子都能够获得健康、安全、参与机会、支持和挑战。

2

培育心智习惯

（CULTIVATING HABITS OF MIND, 2018）

[美] 亚瑟 · L. 科斯塔（Arthur L.Costa）
本纳 · 卡里克 （Bena Kallick） 著

滕梅芳 译

16 种心智习惯

4 大步骤

9 项评估策略

什么是心智习惯?

心智习惯是人在面临无法立即解决的问题时所采取的思维倾向。作为教师，当我们向学生提出严密且具有挑战性的问题时，我们希望他们能灵活思考、机智推理，从而提升洞察力，培养毅力、创造力和专业技能。心智习惯的养成有助于我们运用心智力量来决定如何赋予信息和问题更深刻的意义并对其采取相应的行动。

教师和家长总是关注学生对答案的掌握情况，如考试成绩等表现。当你开始重视心智习惯时，你也会关注学生在尚不知晓答案情况下的表现!

一旦你养成这些心智习惯，你就是在综合发展各项技能，形成各种态度、线索、经验、能力和倾向。这些心智习惯很少是孤立发挥作用的。相反，在不同的情况下，会产生一系列的行为。例如，在用心倾听时，我们会用到这些习惯：灵活思考、元认知、清晰准确地思考和交流，甚至还有质疑解难。

我们可能还会对不同的心智习惯做出价值判断，这意味着要决定在什么时机采用哪种习惯。例如，当我们考虑一系列事件时，起初我们往往会陷入一孔之见，然后才会意识到需要灵活思考并转换视角。将某一种视角所适用的心智习惯进行转换可能会改变你对一件事情的看法。当心智习惯养成时，你对情境线索的洞察力会更强。这些线索标志着使用某种心智习惯的适当时间和环境。学生会随着情境的发展变化而提升自身技能，从而选择最适合自己的习惯。在学生不断采取这些行为，不断对其进行反思、评价、更正并运用到新的情境中去时，这些行为就自然而然成了一种习惯。

心智习惯是一种学习成果

我们在律师、机械师、教师、企业家、艺术家、数学家等各行各业的成功人士身上都发现了优良的心智习惯。过去25年的研究表明，当学生养成这些优良的心智习惯时，他们就更有可能成为成功的学习者，会欣然接受21世纪及以后的各种挑战。如果我们希望学生在离开校园时能敢于接受各种挑战，我们就必须在基础教育阶段让他们有意识地养成这些行为习惯、掌握相应技能。如此，心智习惯的培养便成了教育的一大目标。例如，在康涅狄格州柏林公立学校的教职工与社区合作拟定学生的学习成果目标时，他们就将心智习惯与学习成果联系了起来。

高效的沟通者	专心致志、积极响应的合作者	灵活敏锐的问题解决者	善良热忱的公民	富有创造力、想象力的设计师
以清晰、准确、慎重的方式分享适合受众的信息、想法、观点和感受（清晰准确地思考和交流；灵活思考）。	通过倾听他人的观点来表达、拓宽或转变自己的思路，从而为实现共同的目标做出贡献（感同身受；互赖思考）。	基于发现（结果），通过评估资源和重构方案的可行性来调查问题、解释或应对挑战并制订行动计划（质疑解难；三思而行）。	寻求积极的影响——倾听、理解，并以同理心和尊重的态度行事，知道自己的行为会影响他人（感同身受；知识迁移）。	检验想法，寻求解决方案，有针对性地使用技巧和工具来确定创作的影响力，不断完善工作（创造、想象、革新；精益求精）。

培育心智习惯

心智习惯不易养成，尤其是在时间紧迫的情况下更是如此。例如，感同身受的习惯要求我们在思考与展示自己的想法之前，先以他人的视角进行换位思考。心智习惯不是孩子的专属，它对成年人也有所裨益。正确认识自己的心智习惯非常重要：你如何应对充满冲突、模棱两可、疑难犹存的情境？你是否认为自己做出了灵活、谨慎、创新和明智的反应？你希望在自己的生活中内化哪种心智习惯？

以下方法有助于培养学生的良好心智习惯。

要求学生通过设计海报来共同定义某种心智习惯。

邀请学生进行角色扮演：（1）展示一个负面的例子；（2）介绍这种习惯并解释为什么它会是有益的；（3）提供一个策略（例如，当你遇到困难时你可以做什么）；（4）展示养成这种习惯的好处。

邀请学生描述在小组项目中利用一种或多种心智习惯的样子，并邀请他们在项目中审视自己的行为。

邀请学生用自己的语言概述心智习惯，讲述他们在校内外的习惯运用情境，或者那些本可以应用某一心智习惯的场景，并解释该习惯为何在那些场景是有效的。

心智习惯类型

坚韧不拔（Persisting）	调节情绪（Managing impulsivity）
 坚持到底！不完成任务不松懈；保持专注；在陷入困境时寻找解决方法；永不放弃。	 从容不迫！三思而后行；保持冷静、理性和谨慎；延迟满足。
感同身受（Listening with understanding and empathy）	灵活思考（Thinking flexibly）
 善解人意！能认真理解他人的想法和观点；努力理解他人的观点和情绪。	 用另一种方式看问题！能改变视角，形成多种方案，考虑多种可能，寻求创新，关注不同观点。
三思而行/元认知（Thinking about your thinking/metacognition）	精益求精（Striving for accuracy）
 知你所知！意识到自己的观念、策略、情感和行动及其对他人的影响。	 反复检查！全力以赴；设定高标准；检验与寻求不断优化、完善的方式方法；追求真理。

续表

质疑解难（Questioning and problem posing）	知识迁移（Applying past knowledge to new situations）
 刨根究底！有一个质疑的态度；知道需要什么数据，并通过优化问卷的策略来获取数据；发现亟待解决的问题。	 用已所学！用好旧知；举一反三，触类旁通。
清晰准确地思考和交流（Thinking and communicating with clarity and precision）	畅通感官（Gathering data through all senses）
 清晰交流！在口语和书面交流中都追求准确沟通；避免过度泛化、曲解和意思残缺。	 善用天性！调动所有感官搜集数据——味觉、嗅觉、触觉、动觉、听觉和视觉。
创造、想象、革新（Creating, imagining, and innovating）	用敬畏、赞美做回应（Responding with wonderment and awe）
 独辟蹊径！迸发新颖的想法，注重流畅性和原创性；接纳未经检验的、不同寻常的、天马行空的想法。	 乐于探索！发现世界的精彩与神秘，为美好事物着迷。
承担合理风险（Taking responsible risks）	幽默喜感（Finding humor）
 勇于冒险！具有冒险精神；敢于突破自我；不断尝试新事物并从失败中吸取经验教训。	 笑口常开！寻找异想天开、非常规、滑稽、出乎意料的事情；能自嘲；创造惊喜。
互赖思考（Thinking interdependently）	不断进取（Remaining open to continuous learning）
 协同努力！能在互惠情况下与他人合作并向他人学习；开展团队合作；团队利益优于个人利益。	 从经验中学习！谦卑地勇于承认自己不知道的事物；抵制自满。

心智习惯入门

心智习惯的养成首先需要了解我们当前所持有的心智模式，然后有意识地进行突破。这是新习惯养成的重要基础。当学校首选部分习惯开展培养工作时，我们建议采用以下四步流程。

思考：“是什么让我们认为学生需要学习如何思考？我们看到他们在做什么？听到他们说什么？感受什么？我们希望他们是什么样的？”列出清单。	一旦你列出了理想中学生的样子，你就可以将这些描述语与每种心智习惯相关联。	在你认为对学生来说最重要的三四种心智习惯旁打上星号或打钩。你无法让学生一下子达到16种心智习惯的要求。重点是先从几种开始，循序渐进引入更多的心智习惯。 如果你想让整个学校都聚焦某一种心智习惯，你可以使用电子投票系统了解大家比较重视哪种心智习惯。	一旦你做出了决定，就不能认为在给每种心智习惯命名、下完定义后就万事大吉，而是要立即付诸行动。如何调动学生的心智，从而形成心智习惯？如何赋予心智习惯意义？如何培养学生的敏感性，让其意识到使用这些习惯的情境？如何给学生提供策略，帮助他们看到这些习惯的价值，或者力求改进并付诸行动？

下表提供的示例源自多场教师研讨会。在这些研讨会上，中小学教师反映了学生常见的心智行为，描述了他们心中理想学生的样子，并将理想学生的行为举止与心智习惯关联起来。教师经常发现，不止一种心智习惯与行为相关。

我们看见 / 听到学生……	我们希望学生成为……	他们需要养成的心智习惯
很快就放弃了。在“陷入困境”时，他们会感到沮丧，但缺乏应对策略，不知如何抽身。注意力集中时间很短。容易分心。	专注任务，集中注意力。找到不同问题的解决之道。	坚韧不拔

续表

我们看见 / 听到学生……	我们希望学生成为……	他们需要养成的心智习惯
发表观点时不假思索、脱口而出。急于下结论。工作学习没有明确的目标。生气或沮丧时大发雷霆。	以目标为导向。在做出回应或付诸行动之前考虑其他选择。对行动进行反思并设定自我完善的目标。	调节情绪
无视或打断他人。不顾他人的感受或情绪。主要讲述自己的观点。	理解他人的想法。能对别人的感受产生共鸣。试着去了解他人的想法。在其他同学观点的基础上拓展自己的观点。	感同身受
思维僵化。不愿意接受他人的观点。理解视角狭隘。不肯改变主意。固执己见。	愿意通过了解更多的信息来改变认知和结论。顾及他人的观点。欣赏、重视他人的文化修养、风格和观点。	灵活思考
按指示行事或执行任务，很少思考为什么要这样做。不敢质疑自己的学习策略。依赖老师的评价。遇到问题时不知道该怎么办。	有一套解决问题的策略。跟踪并描述进展情况。意识到自己的信仰、价值观、行为及其对他人的影响。描述自己在比较、预测、总结和假设时的所思所想。	三思而行（元认知）
似乎满足于杂乱无章、乱七八糟、不完整、不准确、错误百出的工作学习。难以辨别“假新闻”和真相。	有成就感。对准确性有要求。查阅规则和标准以指导自己的工作，并确保学习成果符合标准。知道自己可以不断完善学习成果。力求卓越。	精益求精
害怕尝试新的、与众不同的或非比寻常的学习流程。拒绝详述创造性想法。与复杂的想法相比，更喜欢简单、正确的答案。	充分发挥创造力。分享不同寻常的、往往是幽默的观点。跳出固有思维模式。	创造、想象、革新
担心犯错、出错。不敢冒险。	承担风险。	承担合理风险
语言模棱两可。概括毫无依据。	思考自己所言。字斟句酌。澄清术语。给出明确的方向。	清晰准确地思考和交流

将心智习惯融入课程设计

课程设计者需要决定：

我希望学生学习哪些概念、理论和原理。

我希望学生参与哪些思维流程。

我可以开展或实施哪些学习活动来让学生体验和学习这些概念。

我希望学生从这种学习经历中养成哪些心智习惯。

图中的同心圆阐释了课程决策的融合方式。

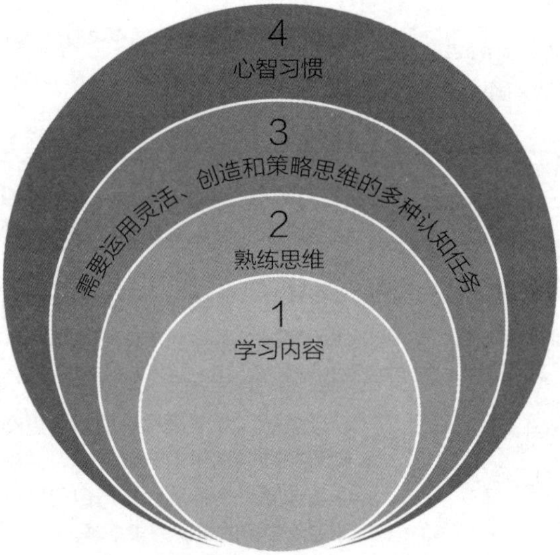

（Costa et al.，2008，p.48）

关于学习内容的决策

无论你教授什么内容，可能都需要了解国家、州、省或学校的标准，以指导你做出必要决策。心智习惯的精妙之处在于培养有能力的终身学习者，并为学生提供相应策略，以便能掌握所学课程的内容。

关于熟练思维的决策

值得注意的是，理解内容并非终极目的。上述的这些标准也适用于展示学生的思维技能。各种思维技能往往内嵌在学科主题之中，在相关主题中，会用特定的思维动词来描述学生对这些内容的处理方法。体验、练习和应用创造性及批判性思维等过程的工具有：观察和收集数据、拟定和检验假设、得出结论、提出新问题。

成功的思维教学应与学科教学同时进行，而不是在学科教学之外另起炉灶。思维和内容是相辅相成的，学生如果不赋予内容以意义并对其进行思考，就无法真正学习内容。在这个层面上，教师需要考虑以下问题。

- 学生应该练习、发展怎样的思维过程？
- 要激活他人对我所陈述的大概念的思考，需要怎样的思维技巧？
- 我如何直接教授这些思维技巧和过程？

关于需要运用灵活、创造和策略思维的多种认知任务的决策

一旦教师确定了学习内容和思维技能，就需要设计丰富的认知任务，促进学生深度思考。如果任务不够真实，缺乏吸引力或挑战性，学生的学习就会回到仅仅记忆知识的状态。当学生充分投入时，他们就会赋予学习意义，产生新的知识，并养成良好的思维倾向。丰富的认知任务可能包括以下几项。

策略思维	长期规划	创造新东西
做出决定	解决分歧	澄清模糊之处
构建现象的意义	进行研究以检验理论	

关于心智习惯的决策

学生运用思维倾向不仅需要成功完成所分配的认知任务，还要认识到，只有谨慎运用这些倾向，才能确保成功。教师可能会提出反思性问题，帮助学生反思其心智习惯，这些思维习惯有助于学生将学到的知识运用到特定学习经历之外的情境中。不断明确地提及心智习惯，在工作中实践应用这些习惯，找到和分析这

些习惯所蕴含的技能，并欣赏这些习惯给生活带来的价值，会引导学生将心智习惯内化于心并表现于行。

元认知的价值

有些孩子在遇到问题时不知所措，而且往往无法抉择该如何做出决策。然而，有很多证据表明，那些在复杂的认知任务中表现出色的人往往具有灵活机智的本领，他们能够坚持不懈解决问题，并且能够很好地调控、应用其智力资源。真正的思考者可以控制自己的意识和指导能力。他们在规划、反思和评估自己的思维技能和策略的质量时，会在头脑中进行对话。

在遇到有待解决的问题时，我们会制订一个计划，对其进行监控，观察其是否行之有效，并在跟踪解决问题时做出调整。这种元认知行为是高效教师日常工作的特征：为一堂课制订教学策略，在整个教学过程中监控策略，对策略进行反思，以评估其在产生预期成果方面的有效性，并修改计划以备将来之需。

元认知为何重要？

元认知在学校和生活中都颇为重要。通过对思维本身进行思考，学生将学会如何自觉地按照思维过程规划流程，进而遵循他们为自己量身打造的流程。这就形成了一个贯穿一生的思维改进循环。元认知是终身学习的基础，更为重要的是，在成为更强的元认知思考者的过程中，学生意识到他们有能力解决日益复杂的问题，他们可以成为创造性战略家，并且可以掌控自己的思想。

学生如何取得进步？

学生从“意识到自己的思维”到养成思考自己思维的习惯，不是一蹴而就的，这需要练习。教师可以通过让学生意识到、反思、探讨和评价自己的思维来帮助其提高元认知能力。

这个过程可以看成一个拾级而上的过程，其中每一步都代表着元认知的一个阶梯。在这一过程中，教师可以向学生提出问题，以促进学生养成熟练思考的习惯，而随着这种习惯的逐渐养成，学生亦可以问自己问题。谨记这个阶梯，教师可以在任务完成前后，通过提出引导性问题来激发学生在各个层面上进行思考。

步骤	元认知	老师会提出这样的问题……
第四步	未雨绸缪，提前计划。	“下次你会怎么做?” “在预计未来会出现类似的问题时，你会提出什么样的解决措施?” “在本课程/学校/生活/工作中，这个策略什么时候会有用?” “你会用什么标准来判断这是解决这个问题的最佳方式?” “为什么对你来说很重要?”
第三步	评估策略的有效性——前、中、后。	“你的策略对你来说效果如何?” “你怎么知道你的策略是可行的?” “你对策略做了哪些调整或改变?” “当你解决这个问题时，你会注意什么，让你知道你的策略是行之有效的?” “如果你的策略不可行，你会采用什么替代策略?” “为什么你认为这是最好的策略?” “过去什么策略对你来说是可行的?” “是什么让你认为这个策略在这种情况下可行?”
第二步	在思考时了解要使用/正在使用的策略。	“你会采用什么方法?” “当你解决这个问题时，你会采用什么元认知策略?” “当你考虑解决问题的步骤时，要如何明确自己的位置?” “在使用这种方法解决这些问题时，你注意到了哪些模式?” “当你反思自己解决问题的策略时……” “是什么让你做出了这个决定?”
第一步	意识到你此时的所思所想。	“如何描述你正在做的工作?” “你是如何去做的?” “当……时，你脑子里在想什么?” “当时，你意识到了什么?” “你在问自己什么问题?” “在解决这个问题时，你有着怎样的心路历程?”

心智习惯的成长评估：是任务，而非测试

学生能够利用反馈来了解自己，并进一步获得成长，这比评估数据更为重要。以下评估策略旨在发挥两方面的作用，一是培养学生的元认知能力，二是当学生进行自我反思和学习时，评估其心智习惯在不同层面所得到的发展水平。

评估策略	说明	情境	示例 / 问题
特定反应	设计问题，以此深入了解学生对于使用心智习惯解决问题的意义和价值有何看法和感受。	在解决某个问题之后使用。	从1到10，为你解决难题的能力打分，并说明打分的理由。
开放式问卷	让学生表达自己是如何看待某种或多种心智习惯的意义和价值的。	在解决一个非常复杂的问题之后使用。	解决这个问题时，你使用了哪种心智习惯？非常艰难的时候，是什么让你坚持下去的？
观察任务期间的表现	记录任务进行及解决问题过程中学生的表现，以此弄清他们在什么情境下会使用心智习惯，什么情况下不会。	问学生一些需要他们自省的一种或多种心智习惯养成的问题。	科技是如何影响你灵活思考的能力的？你用了什么策略来继续完成任务？
采访	定期采访学生，了解他们对心智习惯的感受、理解和内化情况。	让学生有机会表达他们对心智习惯的个人理解以及在校内外对心智习惯的使用情况。	小学：你认为今年你用得最多的是哪种心智习惯？为什么这种心智习惯很重要？ 中学：你认为哪种心智习惯是你的强项？为什么？
数字作品集	按时间整合并集中展示学生的作品。	制作作品集，以此展示养成心智习惯后的成长。	选择能够展示你遇到困难时坚韧不拔的作品，或是展现你思维创新的作品。

续表

评估策略	说明	情境	示例 / 问题
游戏	设计及时为学生提供反馈的游戏。当游戏失败时，学生可以知道自己犯了什么样的错误。之后，学生可以反思下一次该如何做出调整。	让游戏参与者采用质疑解难，创造、想象、革新，互赖思考等心智习惯，同时跟踪这些习惯的使用情况。	可以告诉学生或让他们自己发现必须采用和跟踪哪种心智习惯。教师可以观察学生玩游戏的情况，在学生汇报游戏情况时给予反馈。
清单	让学生选择或给他们指定一个问题，让他们一起解决。学生往往会给出一套“我可以……”的陈述（例如，“我可以与他人合作解决问题”）。	每组邀请两到三名学生观察并记录每个组员在任务中倾听他人的情况。之后，观察者将数据分享出来。若存在有分歧之处应为学生提供清晰交流的机会。	让学生列一份清单，内容是好的倾听者有哪些积极的、可以观察到的行为，比如眼神交流，在他人的想法上进一步交流，或是在别人不理解之时阐明自己的想法。
报刊、博客、日记	让学生收集具体条目，与老师、同学分享书面评论。可以将最初的条目与最近的条目进行比较，从而按时间评估发展情况。学生会立刻做出反应：“我以前认为______，但现在觉得______。”	在任务前或任务结束后，请学生写下条目。简短、及时的记录可能比耽搁很久、时间较长的记录更有价值。教师也可以加入其中，反思自己的教学或分析学生的学习情况。	今天让我吃惊的一件事是…… 在……的时候，我感觉自己特别灵活。 我利用自己的感官来…… 想到自己是如何解决这个问题的，我…… 我想追寻的一个问题是…… 检查工作时，我发现……
量规	建立量规，以评估学生使用心智习惯时的表现水平。量规通常包含用以提高成绩和给策略打分的评估标准。	请学生描述，他们在使用心智习惯来有效促进自我管理、自我监督和自我评价时，会做什么、说什么。	“我觉得能在学习过程中跟踪自己的思维真是太棒了。” “在学习过程中，思考学习策略的时候，我会表现得更好。”

作者简介

亚瑟·L. 科斯塔（Arthur L. Costa），教育学博士，美国心智习惯研究所联合主任，加利福尼亚州立大学萨克拉门托分校名誉教授，ASCD前任主席。科斯塔发表了多篇文章，出版了多本著作，帮助许多个人和团体成为具有批判性、创造性和好奇心的思考者。

本纳·卡里克（Bena Kallick），博士，美国心智习惯研究所联合主任，Eduplanet 21项目主任。卡里克是一名著名的顾问，为美国及其他国家的学区、教育部门、专业组织和公共机构提供服务。

参考文献

1. Costa, A., & Kallick, B.（2008）. *Learning and leading with habits of mind: 16 characteristics for success*. Alexandria, VA: ASCD.
2. Costa, A. & Kallick, B.（2009）. *Habits of mind across the curriculum: Practical and creative strategies for teachers*. Alexandria, VA: ASCD.

3

理解为先教学的设计要义

（THE FUNDAMENTALS OF UNDERSTANDING BY DESIGN, 2020）

[美] 杰伊·麦克泰（Jay McTighe） 著

盛群力 译

6 个关键原则

3 个设计阶段

5 个常见问题

什么是理解为先教学（UbD）？

理解为先教学（UbD）是一个课程规划的框架，即我们该如何教会学生应用所学东西去直面机遇、迎接挑战，以及应对快速变化的世界。UbD聚焦学生应该掌握的关键观念和过程，提出了逆向设计教学的三个阶段。UbD不是一个处方性的教学设计程序，也不是一种指令性的教学方法。从某种意义上说，它为教学活动规划了一个思维有效、精准而富有意义的学习路径。UbD的规划框架不仅适用于各学科领域，也适用于在不同年级任教的学科教师。

UbD 的主要理念：六个关键原则（McTighe & Willis, 2019）

1．该框架有助于将课程和教学重点放在发展和深化学生对学习内容的理解和迁移（即有效应用所学东西的能力）上。

2．当学生得以通过真实的表现展示出其对所学知识的领悟和迁移时，真正的理解就发生了。这里所说的理解通常包含六点：释义、说明、应用、洞察、移情与自知。这六点可以作为理解的标志。

3．有效的课程设计着眼于长期效果，以三阶段逆向思维的方式设计教学。这样的逆向设计过程可以避免三个常见的教学问题：（1）将教材视为课程，而不是资源；（2）教学活动关注过程，却忽略了活动目的和活动中的优先事项；（3）为考试而教，教学活动关注考试内容，学生借助标准化考试形式（通常是选择题）的练习来学习。

4．教师是学生理解知识的辅导者，而不是学生学习知识、形成技能和开展学习活动的供应商。教师应当确保学生对学到的知识能够迁移运用，不能仅仅关注教了之后学生是否已经习得。

5．根据设计标准定期回顾课程，既可以提高教学质量，也有助于学生开展深度学习。相应地，在专业学习共同体中的学习方式也有必要做出调整，唯此，学生在课程和教学中的学习效果才可能实现最大化。

6. 通过与他人分享课程和评估设计，教师、学校和学区将可以更迅速、更有效地工作。

逆向设计的三个阶段（Wiggins & McTighe, 2005）

1. **明确预期结果。**当一个学习单元结束时，长期的、可迁移的学习目标是什么？学生应该理解什么？为了促成理解，学生必须探索哪些问题？学生应该掌握哪些知识和技能？

2. **确定评估证据。**学生必须具有哪些学业表现才能证明他们已经达到或实现了对所学知识的理解和迁移？还有哪些其他的表现可用来证明达到预期掌握水平的学习结果已经产生？

3. **规划教学过程。**什么样的教学活动和学习体验可以帮助学生取得预期的成绩并在评估中达标？哪些特定的教学活动有助于学生获得知识、理解意义并实现学习迁移？如何安排单元学习内容以及如何有针对性地进行差异化教学，才能使学生获得最佳的学习成效？

准备好开始了吗？

UbD单元教学设计三阶段框架是一种实用的组织方式，这一设计框架被证明尤为适用于新手教师。它促使教师和课程团队有目的地思考教学设计的基本要素，并确保各阶段目标一致。这一模板的通用格式还有助于大家更便捷地与世界各地的教育同行分享单元教学计划。

阶段一：明确预期结果

UbD的阶段一是明确教学重点，包括确立短期目标和长期目标。

这一过程……

确定已有的内容标准和相关的课程学习结果（例如，21世纪技能），并在必要时将其拆分，以确定关键概念和过程以及相关的学业迁移目标。

列出学生在本单元结束时应该理解的大概念，以及掌握这些大概念将帮助学生实现的长期迁移目标。

确定围绕这些大概念和迁移目标的基本问题。

明确具体的知识和技能目标。

<table>
<tr><th colspan="3">单元模板阶段一：明确预期结果</th></tr>
<tr><td>确立目标</td><td colspan="2">实现迁移</td></tr>
<tr><td rowspan="5">本单元将达成与哪些标准、项目和/或任务相关的目标？</td><td colspan="2">学生能独立地运用所学本领来……
◇你希望学生获得什么样的长期成就？
◇从长远来看，学生应该能用所学到的本领做什么？</td></tr>
<tr><td colspan="2">理解意义</td></tr>
<tr><td>理解
学生能理解……
◇你希望学生具体理解什么？
◇他们应该掌握什么样的大概念？</td><td>基本问题
学生会思考……
◇什么样的问题有助于促进探究、理解意义和实现迁移？</td></tr>
<tr><td colspan="2">掌握知能</td></tr>
<tr><td>学生应知道……
◇学生应该知道哪些事实和基本概念？</td><td>学生应掌握……
◇学生应该能够运用哪些具体的技能？</td></tr>
</table>

目标类型（T-M-A）

请注意，阶段一模板提示我们要区分三种互不相同但又彼此关联的学习目标，通常可以在已提出的目标中发现：

- 长期目标旨在实现迁移（T）
- 理解和开放式基本问题要求学生理解意义（M）
- 学生应掌握知能（A）

T　长期迁移目标（Long-Term Transfer Goals, LTG）

这些目标是基于学生表现的，明确了我们希望学生在遇到新信息、新议题、新问题、新机会时能够如何予以应对。LTG是一种最终表现的结果，它明确了需要随着时间而不断发展和深化的能力。如以下例子所示，长期的迁移目标可以集中在一个学科上，也可以横跨多个学科。

特定学科的长期迁移目标	跨学科的长期迁移目标
阅读——仔细研读文本，以做出和支持解释。	**批判性思维**——清晰准确、证据可靠、理由充分、不带偏见和公平公正，对各种信息和主张进行周密理性思考。
数学——运用良好的数学推理能力和坚韧的毅力来理解实际问题和理论问题。	**沟通**——利用适当的媒体，针对不同的目的和不同的受众进行有效沟通。
健康和体育——做出支持终身健康和幸福的决定并采取行动。	**协作**——在学校内外各种情况下与他人有效合作并向他人学习。
社会研究——批判性地评价历史和当代的主张，做到内容准确完整、证据可靠和观点鲜明。	**论证**——使用合理的推理和证据来构建、证明和捍卫可行的论点，并合理评鉴他人的理由。

M 理解意义目标（Meaning-Making Goals）

这些目标针对的是理解和基本问题。

理解是可迁移的大概念——你希望学生在本单元结束时掌握的概念、主题和过程。一定要用完整的句子来表达理解，如：“学生能理解……”

基本问题是开放式的问题，目的是让学生参与理解意义。把理解和基本问题看作一体两面；通过持续思考基本问题，学生对相关的大概念有了更全面的理解。要用完整的句子陈述基本问题，如：“学生会思考……”

这里有一些例子，说明这些元素是如何相互关联的。

大概念	理解	基本问题
	学生能理解……	学生会思考……
友谊 文学主题	患难见真情。	谁是真正的朋友，我该怎样加以分辨？
结构和功能 概念	一个物体或生物体的结构形态及其子结构决定了其许多属性和功能。	生物的结构和功能是如何联系的？对于自然界中的物体和人类设计的物体，又是怎样的呢？我们都应该想一想这一问题。
力量与能量 概念	在运动过程中肌肉收缩后会产生更大的力量；持续锻炼可以增强力量和提高准确性。	我怎样才能击打出更大的力量而不让身体失控？
批判性思维 过程	一个批判性思考者不会立刻相信自己看到、听到或读到的一切。批判性思考者保持怀疑，提出质疑，寻求证据，并接纳不同的看法。	我怎么知道该相信什么？我还应该考虑其他的观点吗？
坚韧不拔 心智习惯	遇到困难时，有毅力的人不会轻言放弃，他们会运用各种策略来帮助自己坚持到底，战胜挑战。	为什么我要坚持不懈？遇到困难时该怎么办？如果我不能完成这项任务会有什么后果？

A 掌握知能目标（Acquisition Goals）

这些目标针对的是知识和技能。

知识：在本单元中学生应该学习哪些具体的事实和基本概念？

学生将知道……

技能：在本单元中学生将发展哪些基本技能？

学生将能够……

UbD阶段一的设计标准

单元计划在多大程度上……

1. 确定在三个阶段都要提出的相关的标准、任务和/或项目的目标？
2. 详细说明要真正达成的、预期的长期迁移目标？
3. 确定值得探索和理解的重要的、可迁移的观念？
4. 确定理解什么，即用完整的句子做出概括，如“学生将理解……”。
5. 构建开放式的、发人深省的基本问题，与单元的理解要求相一致？
6. 确定达到理解和实现既定目标所需要的知识和技能？
7. 确保所有要素都连贯一致，使阶段一做到既突出重点又互相融合？

阶段二：确定评估证据

UbD的逆向设计过程促使我们在设计特定的课程活动之前应“像评估者一样思考”。这样做可以明确学习目标并聚焦教学决策。

这一过程……

确定评估标准，以确认学生已经学到了什么，并能应用阶段一产生的学习结果。

创建表现性任务来引出这些证据，并将这些任务置于有意义和真实的环境中。

确定掌握知识和技能熟练程度的补充证据，同时也进行一些额外的评估（例如，事实测查和技能检查等）。要明确知识和技能目标。

<table>
<tr><th colspan="3">单元模板阶段二：确定评估证据</th></tr>
<tr><th>编码</th><th>评估标准</th><th>评估证据</th></tr>
<tr><td rowspan="3"></td><td rowspan="3">在每次评估中使用什么标准来判断预期的结果是否达到？</td><td>表现性任务（S）
什么样的评估任务能提供有效证据，证明学生所具有的理解和迁移学习能力？建议使用GRASPS[1]对表现性任务做出安排。</td></tr>
<tr><td>掌握知能</td></tr>
<tr><td>补充证据
你将收集什么额外证据来确定是否实现了阶段一的其他目标（例如，知识和技能目标）？
备选：请注意使评估要求与阶段一的目标相一致。</td></tr>
</table>

请注意：在阶段二，教师关注的是对学习做出评估，评估将显示学生在多大程度上达成了预期的单元目标。

理解的六个侧面：设计表现性任务的一个工具

表现性评估任务要求学生将知识和技能应用到一个新的情境中——实现迁移。这些任务通常产生有形的产品和表现，可以作为理解的证据。更具体地说，真正掌握了相应知识和技能的人可以展示出以下本领。

释义 识别模式。 做一个合理的推断。 看到新联系。 从文本、数据或经验中理解意义。	说明 用自己的话做出解释。 用另一种形式予以表达。 教别人。 支持一个推论或结论。	应用 在新情境中有效运用所学知识（迁移）。 做一个合理的预测。
洞察 了解不同的观点。 着眼大局。 采取批判的立场。	自知 自我认识，评价自己的优点和缺点。 认识到自己理解的限度。 反省自己的学习和行为。	共情 有同理心，了解他人的感受和经历。 从奇特的、非正统的或不熟悉的想法中发现优点。

① 后文第 39 页有详细解释。——译者注

理解的六个侧面是揭示实际理解情况的有效指标，为构建评估任务提供了一个实用框架，以衡量学生理解的程度。下面是一个例子，说明如何考虑这六个侧面，该例子为“营养与健康”单元生成表现性任务。

营养与健康

释义	说明	应用
我们为什么要吃这些食品？尽管我们都知道营养及其影响，为什么在现代社会仍有那么多健康问题与营养不良有关？	制作一份手册，帮助人们理解什么是均衡饮食，并强调与营养不良相关的健康状况。	为班级聚会准备一份健康美味的零食菜单。
洞察	**自知**	**共情**
开展研究，找出美国农业部发布的食物指南是否与世界其他地区（如南极洲、亚洲、中东）有相通之处，探索不同饮食习惯对健康的影响。	自我反思饮食习惯。你在多大程度上是一个健康饮食者？如何改善你的饮食习惯？	描述一下由于身体状况而受到饮食限制的感觉。

GRASPS：确保活动真实可靠的一种工具

让学生为迁移做好准备意味着给他们提供多种机会来面对现实议题、问题和挑战。缩略词GRASPS包含以下元素：（1）确定一个真实世界的目标（Goal）；（2）对学生来说是一个有意义的角色（Role）；（3）目标受众（Audience）；（4）涉及真实世界的具体应用情境（Situation）；（5）学生生成的最终产品（Product）或表现（Performance）；（6）评价学生学业表现的成功标准（Success）。正如这些表现性任务示例所示，GRASPS元素可以以任何顺序出现。

高中英语

你是一个很有抱负的编剧（R）。你知道很多电影都改编于已出版的小说或短篇故事。确定一篇小说或短篇故事，你认为可以改编为一部有趣的或发人深省的电影（S）。然后，给电影制作人（A）写一个提案（P），说服他们雇用你来改编剧本（G），解释为什么你认为这将是一部成功的电影，介绍演员扮演的关键角色，并包含一个展示你写作才能（S）的范例场景。请注意：语法或拼写（S）错

误无法让制片人对你的写作能力印象深刻!(McTighe, Doubet & Carbaugh, 2020)

社会研究/数学，4—5年级

你一直都被所在州旅游部门作为旅行规划师(R)，在参加一次为期4天的旅行时，你将代表所在州(S)给一群来自另一个国家的游客(A)做讲解。你要帮助游客了解该地区的历史、地理和关键经济资产。你应该准备一份书面的旅行计划和预算，解释为什么要包括这些旅游景点，以及你是如何定价的(S)。(McTighe & Wiggins, 2004)

科学，5—6年级

某家公司声称他们的猫砂比其他品牌的猫砂吸附力强40%(S)。你是一个消费者保护团体的研究人员(R)，被要求评估这家公司的言论。请制订一项调查计划，以确定这家公司言论是否准确(G)。你的计划应该做到具体可行，以便实验室研究人员可以据此做出评估(A，S)。你还应该准备一个演示或一份报告(P)，将你的发现清楚地传达给潜在的消费者(A)。(McTighe & Wiggins, 2013, p.42)

补充证据：理解为先教学的单元是由一个或多个真实的表现任务锚定的，提供学生理解和所具有的能力的证据，将学习应用到具体情境中。然而，并不是阶段一中确定的所有目标都需要通过表现性任务进行评估。使用传统的评估方法(例如，测验和技能检查)来评估一个单元的知识和技能目标的达成情况，也是一种好办法。

UbD阶段二的设计标准

单元计划在多大程度上……

8. 详细说明了所有预期结果的有效评估证据?
9. 包括了基于理解的一个或多个侧面的真实的表现性任务?
10. 为学生提供了足够的机会来展示其学业成就?
11. 包括了评估标准，以使每项任务符合预期结果，并提供适当的学业反馈?

阶段三：规划教学过程

心中有了明确的学习结果和适当的评估证据，现在是时候把单元整合在一起了。

这一过程……

选择和安排最合适的学习活动，帮助学生获得预期知识和技能，理解重要的观念，并准备以有意义的方式应用所学本领。

对于每个学习活动，根据活动的预期结果和相关评估，为自己选择最佳的教学指导角色（如直接指导者、促导者、辅导者）。

决定你将如何评估学生在学习单元之前和期间的学习状况，以及在哪里和如何提供反馈，以保证学生进步不掉队。

单元模板阶段三：规划教学过程		
编码	你将采用什么样的预先评估来检查学生的原有知识、技能水平以及可能存在的迷思概念？	
	学习计划 在学习计划中，所有三种类型的目标（掌握知识和能力、理解意义和实现迁移）都得到充分的考虑了吗？ 阶段一、阶段二、阶段三是否一致匹配？	**过程监控** 你将如何了解学生在单元学习中掌握知识和能力、理解意义和实现迁移方面所取得的进展？ 学生是否能得到反馈和实际应用的机会？
	备选：使用左边的编码栏编写学习活动的代码，例如，它们与阶段一的目标或T-M-A或WHERETO元素的一致性。	

请注意：在阶段三，教师关注的是对学习的预先评估和形成性评估，这两种评估有助于教师对学生的学习进步予以反馈。

以某种类型的预先评估开始单元教学，以检查学生原有知识、技能水平，以及与要教的新内容有关的迷思概念，这是一个很好的方法。一旦学习开始，应使用持续的形成性评估来监控学生的学业情况，并根据反馈调整学习计划。

学习目标：明确教师教学角色的一种工具

当学习目标聚焦于……	掌握知识和能力	理解意义	学习迁移
	当然，这些目标类型是相互关联的，彼此之间做出区分，只是一种提高教学质量和评估准确性的途径。		
教师的目标是……	帮助学生获得事实性知识和基本技能。	帮助学生理解重要的观念和过程。	支持学生在新情境下自主有效地应用所学知识。
对教师的作用最好的描述是……	**直导教学** 直接对知识和技能进行教学，根据需要实施差异教学。	**促导教学** 引导学生主动进行信息加工，并对复杂问题、文本、项目、案例或模型进行结构性探究，根据需要实施差异教学。	**辅导教学** 通过建立清晰的表现性目标，在复杂情境下监督学生独立练习、示范成功的表现，并给予个性化反馈。在需要时提供即时教学（直导教学）。
推荐的教学策略包括……	◇诊断性评估 ◇讲解 ◇先行组织者 ◇图形组织者 ◇提问（求同） ◇示证和建模 ◇过程指导 ◇指导性练习 ◇反馈/纠正	◇诊断性评估 ◇使用类比 ◇图形组织者 ◇提问（求异）和探究 ◇概念获得 ◇探究型学习 ◇问题化学习 ◇苏格拉底式研讨会 ◇互动式教学 ◇持续性评估	◇真实应用背景下的持续反馈 ◇研讨会 ◇促进自我评估、反思和目标设定

WHERETO：创造有效和高参与度教学的一种工具

缩写字母WHERETO提示课程设计者在开发和完善学习计划时要考虑以下问题。

- 我们要到哪里（Where）去？为什么？期望是什么？
- 我们如何吸引（Hook）学生？
- 我们如何促进（Equip）学生达到预期的表现？

- 我们如何帮助学生重新思考（Rethink）或做出调整（Revise）？
- 学生如何对自己的学习进行自我评价（Evaluate）和反思？
- 我们如何根据不同的需求、兴趣和学习偏好来调整（Tailor）学习？
- 我们如何组织（Organize）和排序学习？

UbD阶段三的设计标准

单元计划在多大程度上……

12. 包括了帮助学生所需的学习活动和指导：

a. 获得相应的知识和技能？

b. 理解重要的观念？

c. 把学到的知识迁移到新的情境中？

13. 有效地融入WHERETO元素，使所有学生都积极参与学习和提高学习效能。

单元设计标准

UbD设计标准明确了一个单元设计所应达到的标准。正如写作准则可以指导学生写作、指导他们自我评估草稿一样，UbD设计标准也可以作为一套自我评估和课程设计，以及同行评审的标准。UbD是确定设计优势和需要改进之处的工具，以及在学校和地区层面提供和验证课程设计的工具。这种对课程的评议是UbD的核心。通过根据既定标准积极评估自己的工作，我们使学生更有可能真正投入，发展和加深对重要知识和技能的理解，并能够实现学习迁移。在前文中可以找到与各阶段相关的设计标准。

常见问题

当你设计一个单元时，你是否必须遵循UbD框架顺序（从阶段一到阶段三）?

不。逆向设计不需要遵循严格的顺序。在进行单元设计时，思考的过程本质上是非线性的和迭代的，有各种不同的切入点。事实上，教师在处理阶段二的评估或阶段三的学习计划时，经常会返回来调整阶段一的某些方面。这个修订完善过程有助于创建一个更连贯和更一致的单元计划，更有可能促进理解和迁移，使学生参与真正的学习，并产生有关自己表现水平的适当证据。

你能运用三个阶段的UbD模板来设计课程和单元吗?

单元是设计的焦点，因为UbD的关键元素是理解重要观念，思考基本问题，并参与到迁移的表现中去，这是非常复杂和多方面的，无法在一堂课中实现。尽管如此，较大的单元目标为设计有目的和有重点的单节课提供了背景。教师经常反馈，他们对阶段一和阶段二的课程规划给予了认真关注，使他们的课时规划更加清晰，从而使教学更有目的性，提高了学习水平。

一个单元应该有多少需要理解的内容和基本问题?

基本问题通常在2～5个，尽管这取决于单元的内容和时间安排。在一个为期两周的学习单元中，对于一个特定主题的理解内容和基本问题将少于一个为期12周的跨学科单元。在选择理解内容和关键问题时要有针对性，这样可以让学生有更多的时间专注于这些重要的观念。请注意，在整个单元中，学生应该经常重温基本问题。没有必要让一个单元负载太多。

UbD注重理解和真实的表现，但怎么看待基础知识和基本技能呢?

对于学生来说，掌握基础知识和基本技能是至关重要的。然而，我们教这些作为一种手段，用来解决真实的任务。把这些基础看作现代教育的地板，而不是天花板。

州/省考试主要使用多项选择题，这些题目并不以你推荐的方式评估理解深度。如果我们以这种非标准的方式进行考试，如何让学生为高风险的标准化考试做好准备?

你可能有义务按照内容标准开展教学，但这并不意味着满足这些标准的最佳方式是正确解答仅仅是表面上覆盖教材内容的题目或是仅为了升入高一年级的测验题目。州和地方考试的数据显示失分率最高的题目是那些需要理解和迁移的题目，而不是需要回忆或识别的题目。你们学校的情况可能也是如此。学生们往往在与迁移相关的题目上感到困难，比如理解不熟悉的文章、解决数学中的多步骤应用题、回答框架不寻常的问题、书写有很高写作要求的作文等。如果你愿意，可以继续为学生提供不同类型的考试题目，但多项选择题或过多的测验准备题目实际上没有什么好处。从长远来看，提高成绩的更好方法是：（1）教内容标准中包含的关键观念和过程，在多样和参与的方式中让学生来理解；（2）使用真实的任务收集学生对内容理解的证据。UbD支持这两种做法。

成功的指标

当UbD的原则和实践在课堂上得到有效应用时，就会有明显的成功迹象。

教学和评估的重点是大观念和基本问题，基于既定的标准或结果。

在整个单元中张贴和完善基本问题。

预先评估的目的是在新课题学习前检查学生的原有知识和潜在的迷思概念。

开放式的提问是用来吸引学生探索大观念和基本问题。

通过真实的表现性任务来评估学生对大观念和核心过程的理解，这些任务涉及六个理解侧面中的一个或多个。

对学生产品/表现做出评估是基于已知的标准/量规、表现标准和模型（范例）。

适当的教学策略可以帮助学生获得知识和技能、理解大观念的意义，并实现学习迁移。

根据持续的（形成性的）评估反馈，学生有定期重新思考、完善和反思所学的机会。

学生对自己的学习进行自我评估和反思，并设定改进目标。

给教师和校长的入门建议：大处着眼，小事做起。

试着在开始的时候，每个学期只安排一个UbD单元。

和同事或团队一起工作。

将这个过程应用到一个熟悉的单元主题。

访问https://jaymctighe.com/resources上可用的UbD资源，提高效率。

不要试着立即将UbD用于所有计划，特别是如果你没有足够的培训、持续的支持或结构化的计划时间。

提醒自己实施UbD的原因（例如，学业数据或员工/学生调查的结果）。认识到这项工作的必要性，并拥有你正在创建的解决方案。

如果你不明白UbD的目的或需要，不要保持沉默！向专业人员寻求帮助。

游说你的学校或地区行政部门制订一个多年计划，以表明UbD将如何作为一个更大的战略计划的一部分逐渐而系统地被推进。

不要期待UbD成为今年的重点，并在一个学年的课程中完全实现。也不要把UbD视为今年的新花样，只待花开花落。

作者简介

杰伊·麦克泰（Jay McTighe）是一位成就卓著的作家，与格兰特·威金斯（Grant Wiggins）合作了14本书，其中包括屡获殊荣并持续畅销的“理解为先教学”系列。他的书已被翻译成14种语言。杰伊还撰写了35篇以上的文章，并在包括《教育领导》（ASCD）和《教育周刊》在内的核心期刊上发表。杰伊具有广博的专业背景，并经常在各级各类会议上发表演讲。

参考文献

1. McTighe, J., Doubet, K. J., & Carbaugh, E.M. (2020). *Designing authentic performance tasks and projects: Tools for meaningful learning and assessment.* Alexandria, VA: ASCD.
2. McTighe, J., & Wiggins, J. (2004). *The Understanding by Design professional development workbook.* Alexandria, VA: ASCD.
3. McTighe, J., & Wiggins, G. (2013). *Essential questions: Opening doors to student understanding*. Alexandria, VA: ASCD.
4. McTighe, J., & Willis, J. (2019). *Upgrade your teaching: Understanding by Design meets neuroscience.* Alexandria, VA: ASCD.
5. NGSS Lead States. (2013). *Next Generation Science Standards: For states, by states.* Washington, DC: The National Academies Press.
6. Wiggins, G., & McTighe, J. (2005). *Understanding by Design* (expanded 2nd edition). Alexandria, VA: ASCD.

4 项目化学习入门

（GETTING STARTED WITH PROJECT BASED LEARNING, 2018）

约翰·拉默（John Larmer）著

胡 双[1] 译

7 大项目设计核心要素

5 步设计过程

7 例项目化学习实践

① 浙江大学在读硕士研究生，浙江理想教育研究院研究人员。

什么是项目化学习

在开展项目化学习（Project Based Learning，PBL）的过程中，学生在一段时间内对真实复杂的问题进行探究后，借由相关产出或报告陈述来向班内外听众展示自己从中学到的知识和技能。由此，学生将牢牢掌握相关知识以及21世纪核心素养。项目化学习能够激发学生和教师的无限创意。

开展项目化学习的七大理由

PBL 能够培养学生在大学、工作和生活中的成功素养。	学生能够借此培养解决问题、团队协作、交流想法、发挥创造力以及管理项目的能力，从而变得更加自信和尽责。
PBL 使学校对学生更有吸引力。	有机会把课内所学知识与现实世界连接起来，使学生更投入、更用心思考。
PBL 有助于提升学生的学业水平。	学生能够更深入地理解和掌握相关学习内容，并学以致用。
PBL 将学生、学校、社区和真实世界联系了起来。	通过解决与自身、社区以及世界息息相关的现实问题，学生与成年人和组织产生了互动，更易发现和发展职业兴趣。
PBL 提供了使用技术工具的机会。	技术工具不仅可以用于检索信息、展示成果，还可以用于联络世界各地的专家、合作伙伴和其他志同道合的人。
PBL 促进了教育公平。	所有学生都应该尝试项目化学习，因为一个高质量的项目能够产生巨大的影响，能够帮助学生发挥自己的潜能，甚至产生巨大改变。
PBL 让教学更有趣、更有价值。	项目将教师与积极投入的学生更紧密地联系在一起，使教师重新发现与学生一起学习的乐趣。

一个好的项目包含项目设计七大核心要素

项目化学习的“黄金法则”最核心的就是确定学习目标，同时也需要考虑以下核心要素。

1. **具有挑战性的问题。**项目化学习的核心是解决一个有意义的问题。这个问题应该具有一定的挑战性，但同时又不能难到让学生望而却步。

2. **持续性探究。**学生合作完成一项长周期且设计严谨的项目，针对提出的问题，查找、整合和使用信息。

3. **真实性。**项目的真实性一方面体现在以解决真实世界的实际问题为目标，使用真实的工具和评估标准，项目成果或产品会产生真实的影响；另一方面，若项目能真实地表达学生个人的兴趣爱好或生活中关心的问题，也会为项目的真实性加分。

4. **学生的话语权与选择权。**学生需要对项目有一定的自主权，包括提出问题、使用资源、分配任务和角色、展示项目成果等。

5. **反思。**学生和老师在项目过程中需要针对各个环节进行反思，如学习的内容、探究和项目执行的有效性、项目成果的质量，以及项目中遇到的问题与解决方案。

6. **评价与调整。**学生需要提出及接受意见和建议，并知道如何基于反馈来改进执行方案、完善自己的产品。

7. **展示成果。**学生需要向合作同学、老师以外的公众阐释、展示或者呈现自己的项目成果。

设计一个 PBL 项目

一个精心设计的项目聚焦于内容标准和其他目标中的核心知识和理解，并且还致力于锻炼学生自身的能力，如批判性思维/问题解决、沟通、协作、创造、创新和项目管理能力等。

提出一个驱动性问题

为了避免学生的研究偏离课题，分派给他们的核心任务是解决一个这样的驱动性问题：

- 有趣的：易于学生理解，对学生来说是非常有趣的或重要的。
- 具有挑战性：它要求学生必须掌握相关知识和技能，并进行批判性思考。
- 有开放式答案：它没有一个唯一的“正确答案”，网上也没有正确答案。
- 与学习目标相关：为了解决这个问题，学生需要学习有针对性的内容和技能。

PBL项目五种常见类型

解决现实问题（可以是身边的问题，也可以是虚构场景）。

提出一个设计性挑战（例如，创建一个物理或数学模型；撰写一篇文章、完成一份多媒体演示稿或创作一件艺术作品；制订计划；举办比赛；提供服务）。

探索一个抽象的问题（例如，我们什么时候长大？）。

进行一项调查（如调查某一历史事件或自然现象）。

站在不同的立场上进行一场辩论（例如，古往今来的争论性议题）。

项目成果创意

撰写：剧本、博客、信函、培训手册、实地指导手册、研究报告。

报告：答辩、演讲、辩论、小组讨论、表演、新闻广播、音乐、比赛。

媒体/技术：播客、多媒体演示、网站、数字故事/漫画、专题摄影、电脑程序/应用程序、平面设计。

构筑：模型、样品、器具、车辆、展品、发明、建筑。

计划：蓝图、商业计划、提案、预算书、时间线、设计。

项目示例

学生实地参观某地或进行一次线上游览。

与专家、社区成员、商人或组织进行面对面或线上交流。

视频、电影剪辑、照片、音乐片段或艺术品。

一份令人惊叹的统计资料、数据或一件手工艺品。

关于某一问题的热烈讨论。

项目设计五步走

我们建议，初学PBL的老师可以在现有项目基础上进行设计，或者如果你要重新设计一个项目，可以在自己完成大部分工作的同时，给予学生一些自主权。如果你经验丰富，你也可以将大部分工作交给学生，可以按照以下步骤进行。

第一步 提出一个基于学习标准和其他目标的问题。	第二步 确定学生创作成果的形式，以及展示途径。	第三步 规划项目阶段进展并绘制日程表。	第四步 为活动和课程制订计划，整合资源。	第五步 策划一个启动活动。
该问题可以来自学生在生活和社区中遇到的问题、时事、现实问题和基于内容标准产生的问题等。用一个驱动性问题来明确任务以避免学生注意力偏移。学生可以通过驱动性问题来决定他们需要在项目中展示什么内容和技能。	项目成果可以是有形的产物或表演，如演示、辩论或比赛。学生需要通过现场展示、线上发表或公开表演等途径来向观众分享他们正在创作的产品和最终成果。学生在这一步骤中可以讨论需创造什么产品，要与谁分享，或者他们将如何回应反馈和建议。	以终为始，谋划在先，以留出大量时间供学生探究问题、研发产品、解答驱动性问题，以及接受反馈并进行修订等。学生在此步骤中能够逐渐掌握项目管理技巧，如合理设定任务完成时间、设置中期检查点、实时监控个人进展等。	制订相关计划，以帮助学生取得成功。但同时要意识到，项目永远不会完全按照计划展开，意外总是会出现。而学生的兴趣可能会把这个项目引到意想不到的方向。学生在此过程中可以学会查找并整合有关资源。	启动项目前，设计一个引入活动来激发学生的兴趣和好奇心。这是探究问题的第一步。让学生提出自己感兴趣的问题，从而有针对性地开展项目。

PBL 教学

对于从传统教学模式过渡到项目化教学的教师而言，最大的障碍之一便是要放弃对课堂的掌控，并相信自己的学生可以做好，赋予学生更多的自主权。然而，虽然他们更多时候是在“从旁指导”，而不是作为“讲台圣贤”全程授课，这并不是说教师不再需要教学了。项目化学习保留了许多传统的教学方法，并结合项目环境对其进行了重构。以下是巴克教育研究所的PBL黄金法则，涉及教学环节的七大核心要素。

1. **策划与设计**。教师需要为学生设计或改编一个项目，并制订项目的实施计划。

2. **符合标准**。教师应基于一些标准来设计项目，并确保它涵盖关键知识、理解与成功素养。

3. **文化塑造**。教师应直接或间接地培养学生独立成长，培养其开放式探究能力、团队精神以及精益求精的品质。

4. **活动管理**。教师应同学生一起安排任务，如确定日程安排、设置检查点和截止日期、查找和使用资源以及创造产品等。

5. **学生学习的支撑点**。教师采用各种课程、工具和教学策略来支持所有学生实现项目目标。

6. **评估学生学习**。教师对于知识、理解与成功素养的培养做出阶段性和总结性评估，评估对象包括自我、同事、团队和学生个人。

7. **参与和指导**。教师与学生一同进行学习和创造，以确定学生何时需要培养技能、重新设定目标和被鼓励。

什么是PBL，什么不是PBL？

许多老师说学生会做项目（例如，制作关于著名科学家、作家或历史人物的海报，搭建金字塔或太阳系模型，完成STEM课程配套任务，进行关于个人兴趣主题的演讲，等等）。这些活动可能非常有用，也是让学生走上全面发展的项目化学习之路的好方法，但做项目和项目化学习并不相同。

做项目与项目化学习的对比（Larmer et al., 2015, p.70）

做项目	项目化学习
某一学习内容的锦上添花。	项目即为学习内容，或是该单元教学内容标准的主要载体。
根据老师的指导，年复一年地重复。	开放性问题，学生拥有自主权和选择权，每年的项目通常各不相同。
通常为个人任务。	团队合作完成。
可以在课外独立完成。	在老师的指导下完成，大部分内容是在课堂时间完成。
专注于成果，该成果甚至可以称为“项目”。	花费很长时间来探究问题以及打造项目成果。
与现实世界或学生生活脱节。	基于现实世界或学生生活，或两者兼而有之。

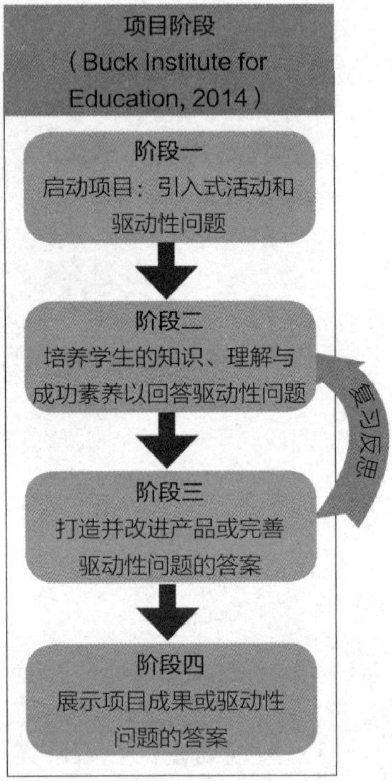

项目实例

以下示例详见《建立项目化学习标准》（*Setting the standard for project based learning*, Larmer, Mergendoller, & Boss, 2015, pp.177–221）。

“感恩农民”项目（K—1年级，文学、社会研究、数学）

驱动性问题：我们应如何尊重本地农民？

对当地农业有所了解后，学生邀请了农民到校参与他们策划举办的“感恩日”活动。

“促进社区团结”项目（1—2年级，文学、社会研究）

驱动性问题：我们如何打造一个更和谐的社区？

学生使用设计思维来制订解决方案后在全校实施，以协助解决使用操场所出现的矛盾。

“甜蜜之家”项目（4年级，科学）

驱动性问题：我们如何为底特律动物园设计栖息地？

应邀协助设计各种动物的栖息地后，学生在掌握了科学知识的基础上撰写了提案，并向动物园的教育主管展示了栖息地模型。

“独一无二的伊万”全球项目（5年级，英语、社会研究）

驱动性问题：我们是否有权捕捉和笼养动物？

了解了一只被圈养的大猩猩的故事后，学生与偏远地区的其他五所学校合作，制作了一本关于这个问题的电子图书，并将售卖所得全部捐赠给了世界野生动物基金会。

“垃圾回收我最棒”项目（5—6年级，英语、科学、媒体）

驱动性问题：作为电影制作人，我们应如何提倡社区的垃圾回收利用行为？

应当地废物管理部门项目经理的要求，学生编写制作了时长五分钟的以垃圾回收为主题的操作视频，并于城市网站上展示。

“搭建房屋”项目（7年级，数学）

驱动性问题：我们如何计算装修房屋所需的材料？

学生设计了家庭装修项目蓝图，做出预算后将其展示给了当地社区成员。

“百折不挠的英雄”项目（8年级，美国历史、英语）

驱动性问题：我们可以从其他人的震撼故事中学到什么？我们可以在日常生活中借鉴这些故事吗？

学生阅读和研究古往今来百折不挠的英雄历史后，撰写了百折不挠主题的口语诗歌，并在社区活动中表演。

"制作蜜糖"项目（10—11年级，化学、创业）

驱动性问题：如何用化学方法制作硬糖？

学生在实验室制作了硬糖，在博客上讲述了自己的经验，并在节日集市上推销了这些产品。

"购房"项目（12年级，经济学）

驱动性问题：购买房屋的步骤有哪些？阻碍人们买房的经济和结构性障碍是什么？

学生与房地产专业人士合作，收集了有关当地社区房屋所有权与租金率的数据，开展了社区教育活动，并模拟购买了自己的房屋。

PBL 应用于 K—12 课程的研究结果

多项研究表明，与使用传统教学方法学习相同材料的学生相比，接受高质量项目化学习的学生在传统考试和绩效评估中得分更高。一些研究表明两者之间未出现明显差异，尚未有项目化学习的学生得分较低的研究数据。（参考文献1—参考文献8）

PBL与如今帮助学生理解并掌握所学知识并将其应用于新情况的观念相符。（参考文献6）

PBL与如今最大限度激发学生的学习动机和兴趣的观念相符。（参考文献7）

在使用PBL教学法的"深度学习（deeper learning）"线上学校学习的学生出勤率和毕业率更高，被四年制大学录取的概率更大。（参考文献8）

参考文献

1. Holm, M. (2011). *Project-based instruction: A review of the literature on effectiveness in prekindergarten through 12th grade classrooms*. InSight, 7(2), Special

Section.

2. Boaler, J. (1998). *Open and closed mathematics: Student experiences and understandings*. Journal for Research in Mathematics Education, 29(1), 41–62.
3. Duke, N. K., Halvorsen, A., & Strachan, S. L. (2016). *Project-based learning: Not just for STEM anymore*. Kappan, 14–19.
4. Geier, R., Blumenfeld, P. C., Marx, R. W., Krajcik, J. S., Fishman, B., Soloway, E., & Clay-Chambers, J. (2008). *Standardized test outcomes for students engaged in inquiry-based science curricula in the context of urban reform*. Journal of Research in Science Teaching, 45(8), 922–939.
5. Halvorsen, A., Duke, N. K., Brugar, K., Block, M., Strachan, S., Berka, M., & Brown, J. (2014). *Narrowing the achievement gap in second-grade social studies and content area literacy: The promise of a project-based approach*. Working Paper #26, The Education Policy Center at Michigan State University: East Lansing.
6. Bransford, J. D., Brown, A. L., & Cocking, R. R. (Eds). (2004). *How people learn: Brain, mind, experience, and school*. Washington, DC: National Academies Press.
7. Wentzel, K. R., & Brophy, J. E. (2014). *Motivating students to learn*(4th ed.). New York: Routledge.
8. Zeiser, K., Taylor, J., Rickles, J., Garet, M. S., & Segeritz, M. (2014, September). *Findings from the study of deeper learning: Opportunities and outcomes*. American Institutes for Research, Report #3.

项目学习小贴士

◆ 入门：将PBL应用于“日常”教学

如果不能立即应用PBL教学法，可以试着循序渐进减少传统教学方法，逐步引入一些项目设计核心要素。例如，可以使用“问题导学法”，通过问问题引导学生找到任务的主题；给学生一个机会（或是给出一系列选项），让他们表达自己对任务主题的看法；让学生思考，自己在学什么，学习方法是什么；把学生分成小组开展活动，相互交流，相互批判，相互合作，最后一起进行项目展示。

◆ **让学生更投入：联系生活实际**

如果学习的项目能解决他们生活中的真正问题，或是对他们的生活、认知和身份认同有重要意义，学生就会更加投入。如果孩子们在做项目时能够接触到真正的组织机构，接触到真实的工作人员或专家（或是老师把他们带到其他的学习场所），学生就会对项目学习更加认真，做起来也会格外尽心，还会有满满的成就感。

◆ **项目策划：与学校之外的世界互动**

联系社区组织、当地企业、你或你同事认识的州（国家）政府组织，策划一个校外活动。这些地方会有真正的问题等着学生去解决。那些组织机构里或许还会有专家能为你们的项目出谋划策，在开展项目化学习期间给学生提供指导，或许还可以在学生分享心得体会时当观众嘉宾。有些地区甚至允许老师在当地公司里"实习"，跟着专业人士一起给学生出题，陪着学生一起完成任务。

◆ **开始自己的PBL教学实践：改造一个成熟的项目**

学习怎么做PBL的一个好方法就是找到一个现成的项目，在自己的课堂里改造实施，这样不需要从零开始构思设计。在寻找合适的项目时，要看看它们是否包含基本的项目设计元素，如有必要可进行调整。以下列举了一些不错的网络资源，你可以在这里找找适合你的项目或方案。

Buck Institute for Education（巴克教育研究所） www.bie.org/project_search	High Tech High（高科技高中） www.hightechhigh.org/student-work/student-projects/
ELEducation，Models of Excellence（卓越典范教育） http://modelsofexcellence.eleducation.org/projects	EduCurious（创想教育） http://educurious.org/solutions/project-based-courses/
Envision Schools Project Exchange（愿景学校项目交流） www.envisionprojects.org/	iEARN（International Education and Resource Network，国际教育资源网） https://iearn.org/cc/search/groups

PBL 课堂管理：培养学生的独立性

项目管理的目的是尽可能地让PBL环境像真实世界中的工作环境。如果团队工作做得不好，在真实情境中人们会怎么处理？如果队伍里有人生病了，又该怎么办？如果交代的任务逾期了，拖慢了整体项目的进度，项目经理该怎么处理？

项目管理的小技巧

 相信学生，相信整个项目流程，抑制过多干预项目的冲动。	 教学生项目管理技巧。给他们提示（帮助），如设置任务领导人、制作项目日历及分配工作的表格等。
 不时地检查一下项目进度，避免学生走弯路。	 设置一个项目中心（在教室里或是网上）存放关键资料，以便学生随时取阅。这样可以减少老师的工作量。

常见问题

PBL教学法对所有学生、学科和年级都适用吗？

是的！项目在不同环境下要进行适当的调整，但从教师的反馈来看，PBL教学法对所有学生、所有学科、所有场合都适用。

一个学年里，教师应该进行多少次PBL教学？

有些教师几乎一整年都在使用PBL教学法，但大多数老师还是会将其和其他活动、教学方法综合在一起使用。随着时间的推移，PBL教学法的积极效果会逐渐显现，所以最好一年带着学生做两个项目。这只是刚开始，往后学生和老师们会逐渐发现PBL教学法的优势。

PBL教学法下，学生的成绩该怎么评定？

评估需要考虑学生个人和团队的贡献；工作内容是否运用现代高效的管理技巧；项目过程和产出；自己、同学、老师，有时甚至是外部专家的看法。不过评估应更看重学生个人的学习和成就，团队的成绩只是次要的。评估经常使用量表，在引导学生参与项目时也可以用。其他传统工具（方法），如老师观察、考查、测验、日志和个人分工等也可以使用。

教师该如何高效地管理学生团队，使之乐于所学，任务分配也相对公平？

这是PBL中的一个常见陷阱，在学生刚开始上手时尤为如此。不过也有解决办法，老师可以让学生在低风险的团队活动中小试牛刀，培养他们的合作能力。合作准则、团队约定和契约有助于明确学生的期望。可以从合作技巧方面对学生进行评价，让他们反思一下自己的行为。等有了足够的经验，老师和学生就能建立起一种强调责任与尊严的健康课堂文化。

学校能为教师实施PBL做些什么？

首先，提供项目规划时间，然后，在教师群体中间建立起合作机制。区域或许要考虑启用新的指导手册、评价系统和其他必需的软硬件。教学进修也有帮助，如巴克教育研究所举办的讲习班、出版的指导书籍和规划工具等。

PBL对需要学习基本技巧的学生来说有什么帮助？

对于这个问题可以从三个方面来回答。第一，在学校项目中，基本技能教授可以与项目分开。第二，如果学生需要学习基本技能才能完成项目任务，那么在执行项目的过程中基本技能就可以被强化。第三，PBL能激励学生去学习。好的项目给学生创造了练习听说读写和算术能力的机会。

采用PBL教学法是不是意味着老师们要放弃传统的教学方法？

有些人对PBL有刻板印象，认为那是“放松对学生的管理”，让他们自学，但参考PBL教学实践黄金法则可知，事实并非如此。老师们仍然需要教课、传授知识、布置家庭作业，甚至使用测试、测验这类的评价办法，不过要完成这些内容有一个大前提，那就是要在有趣的项目里进行。这其中的关键是学习的大部分内容要随着项目的开展而逐渐教授给学生，而不是在项目发起前就教给学生。

PBL教学中，学生是否必须进行团队合作？他们是否可以独自做项目？

项目可以由一个人独立完成、两个人结队完成，或是由三到五人的小组来完成，只要包含基本的项目设计元素即可。不过最重要的是要让学生在校期间学会与他人合作，因为这是21世纪最重要的能力，这也是大多数项目都涉及团队合作的主要原因。

项目化学习和问题教学法有什么区别？

这两种方法是一枚硬币的两面，都包含基本的项目设计元素。相较于结构多变的项目化学习，传统的问题教学法有更为正式的程序，而且经常使用虚拟场景来探究学习。问题教学不像项目化学习的周期那样长，也不着重强调要创造什么。

作者简介

约翰·拉默（John Larmer）是巴克教育研究所（BIE）的主编，管理PBL博客，与其他个人或单位联合举办研讨会，编撰教学材料，供教师学习进修。他也是《建立项目化学习标准》的主要作者。

参考文献

1. Buck Institute for Education. (n.d.). *Why project based learning (PBL)?* Retrieved from http:// www.bie.org/about/why_pbl.
2. Larmer, J., Mergendoller, J., & Boss, S. (2015). *Setting the standard for project based learning: A proven approach to rigorous instruction*. Alexandria, VA: ASCD; and Novato, CA: Buck Institute for Education.

5 设计与运用基本问题

（DESIGNING AND USING ESSENTIAL QUESTIONS, 2017）

[美] 杰伊 · 麦克泰（Jay McTighe） 著

吴新静[1] 译

6 大特点

70 个示例

3 大基本问题设计方法

① 浙江大学教育学硕士，杭州市钱江外国语实验学校教师。

什么是基本问题？为什么使用基本问题？

基本问题（Essential Questions, EQ）是指激发学生思考，引发学生探究，随着时间的推移仍需要不断探索的开放式问题。基本问题是决定课程设计是否有效的关键因素。

基本问题的用处：

- 倡导深入思考是现代教育的一个重要目标。
- 使思维训练贯穿整个单元。
- 帮助教师和学习者厘清、了解最主要的标准。
- 让学习者加深对“大观念”的理解。
- 鼓励学生进行高阶思维和元认知训练。
- 使学生能够将学习成果迁移到新的情境之中。
- 提供学科内和学科间联系的机会。
- 支持有意义的差异发展。

基本问题的六要素是什么？

基本问题					
①开放性	②益智性	③大概念性	④延展性	⑤可证性	⑥持续性
基本问题没有唯一或标准的答案。它旨在激发质疑并引发更多的疑问。	当能够激发学生高阶思维，引发学生热议甚至激烈辩论时，基本问题才最有意义。	基本问题应涉及重要议题、问题或某一领域的争辩。通过解答这些问题，学生能真正参与学科学习。	引人深思的基本问题是自然而然生成的，它会激发内部的其他重要问题，有时甚至会跨越学科界限。	基本问题旨在引发各种合理的答案，并要求学生提供理由和证据，而不仅仅是答案。	随着时间的推移，基本问题仍被不停地审视。学生的回答会不断深化及合理化。
示例：什么是艺术？我们什么时候（如果有的话）质疑过？	示例：一本“优秀”的著作有哪些特征？网络对孩子有害吗？审查制度和民主制度能兼容吗？	示例：你相信这个科学主张吗？历史真的难免会有偏见吗？	示例：我们应该吃什么？一旦解决问题陷入瓶颈时，该如何有效处理？	示例：言论自由是否应受到限制？少数应该总是服从多数吗？	示例：什么样的著作值得阅读？艺术是如何反映和塑造文化的？

基本问题的特征是什么？

当很难确定哪些问题至关重要时，可以参考以下示例，了解基本问题和非基本问题之间的区别。

学科	基本问题示例	非基本问题示例
舞蹈	舞蹈动作可以通过什么方式唤起情感？	探戈和萨尔萨舞的风格有何不同？
外语	外语流利的外国人与说母语的人有什么区别？	法语口语有哪些？
地理	我们的住所如何影响我们的生活？	特拉华州最大的城市是什么？
政治	我们应如何在个人权利与共同利益之间取得平衡？	美国政府三个分支部门的职能是什么？
器乐	如果练习能达到完美，那么需要怎样练习呢？	乐器分为哪些不同的组别？
阅读/语言艺术	小说能在多大程度上揭示“真相”？	故事的主要人物是谁？
数学	什么时候“正确答案”不是最佳解决方案？	通过什么公理可以证明勾股定理？
体育/田径运动	如何打造一支高效的球队？	棒球比赛场上允许多少名运动员上场？
科学	科学与常识有何关系？	动物适应环境的例子有哪些？
技术	技术进步的利弊是什么？	技术一词的原始含义是什么（源自希腊语根——“techne”）？
写作	优秀的作家如何吸引并留住读者？	什么是历史小说？

基本问题和其他问题的区别是什么？

教师会针对不同目的和结果提出许多类型的问题，因此，若要确定问题使用的类型，需要先评估学习内容和学习目标。

引导性问题（leading questions）	指导性问题（guiding questions）	导入问题（hook questions）	基本问题（essential questions）
聚焦于得出唯一、标准的答案，以此达到特定的学习目标。	更具开放性，并用于指导探索一个概念或过程。	通常在一堂课或一个单元开始时抛出，用来激发学生对新话题的兴趣。	旨在激发学生思考、引发学生探究，随着时间的推移仍需要不断探索的开放式问题。
示例	示例	示例	示例
哪些食物属于乳制品类？	“均衡”饮食是什么意思？	你吃的东西可以预防青春痘吗？	我们应该吃什么？

基本问题有哪些不同类型？

不同的基本问题，其广度和深度可能有所不同。有些基本问题和一个特定的单元主题（主题性）相关，而另一些基本问题则范围更广，可以应用于各个年级的多个主题（总体性）。基本问题还与学习结果的性质有关，其中一些指向内容知识（陈述性），而另一些则以技能/过程为导向（过程性）。基本问题需要针对这两种类型的学习结果进行设计。

学科领域	主题性	总体性	内容导向	过程导向
阅读/语言艺术	《夏洛的网》这本书中可以找到哪些关于人性的内容？	小说可以揭示出什么“真相”？	谁能成为英雄？	我阅读的内容如何影响我阅读的方式？
数学	分数如何用于模拟真实世界的现象？	数学模型的局限性是什么？	如何应用数学来衡量、模拟并计算变量？	优秀的解题者会做什么？

续表

学科领域	主题性	总体性	内容导向	过程导向
社会研究	哪些因素会影响当今的全球移民?	人们为什么要移民?	经济不平等是资本主义的特征吗?	我们如何知道哪些历史主张是真实可靠的?
科学	昆虫的结构和行为如何帮助它们生存下来?	生物体内的结构和功能如何相关?	地球是如何随着时间变化的?	科学理论为什么以及如何发生改变?
艺术	面具及其用途揭示了非洲哪些方面的部落文化?	通过文化艺术形式,我们可以了解到一种文化的哪些内容?	艺术如何反映和塑造文化?	艺术家如何使用技术和工具表达想法?

如何提出有效的基本问题?

三种提出基本问题的方法:逆向分析、捆绑分析和拆解分析。

◆ **逆向分析:如果知道学习内容是某个"答案",那么怎样的问题才能引出**

如果课程标准中列出(或在教材中找到)的内容标识了要得出的"答案",那么得出这些答案的问题是什么?

注意:我们建议使用开放性表述来框定基本问题,例如"如何?""为什么?""以什么方式?"等,但是,在某些情况下,"是谁?""什么?""什么时候?"等也可用于提出引导性基本问题,例如:谁是最伟大的领导者?我们应该吃什么?我们什么时候(如果有的话)应该去参战?

比如,如果"了解政府的三个分支"是学习结果之一,那么基本问题可能就是:为什么我们需要政府权力之间相互制衡?或我们可以如何避免权力的滥用?

◆ **捆绑分析:将基本问题和学习目标连接起来**

使用基本问题的主要目的是发展和加深学生的理解,所以先明确你希望学生理解的概念、原理或过程,然后再生成相应的基本问题。以下是来自不同主题领域的四个示例。

	学习目标	基本问题
健康	在运动过程中，肌肉收缩后会产生更大的力量。持续锻炼可提高动作的准确性。	如何在可控范围内爆发出更大的力量？
数学	统计分析报告常常可以揭示出数据的分布规律，使我们能够有依据地进行预测。	你能预测未来吗？ 接下来会发生什么？ 你有多确定？
阅读	各种文化造就的伟大文学是持续发展的，并且会揭示出人类当下的状况。	不同时代和地点发生的历史如何和当下的我们产生联系？
语言艺术	人类可以同时处理语言和非语言信息，当语言和非语言信息保持一致时，你的沟通将更加有效。	一位出色的演讲者是怎样的？优秀的演讲者如何使用非语言信息交流？

注意：尽管不一定存在一一对应的关系，但基本问题和学习目标之间应该有明确的联系。

◆ 拆解分析：根据课程标准衍生基本问题

可以参考课程标准，以下列方式生成基本问题：圈出课程标准中的关键名词，如果这些名词都是概念性的（非事实性的），那么将可以围绕它们生成很多想法和基本问题。下面的示例便是根据上述方法，分别从英语/语言艺术和数学课程标准中拆解分析得出基本问题。

> 先拆解分析课程标准等类似的纲领性文件中的主题或内容，再通过有效推理和充分论证来撰写论点以证明自己的判断。
>
> ——资料来源：《大学职业锚共同核心标准》的写作部分

学习目标	基本问题
论证的有效性取决于论据是否充分（有效性、适当性）及其逻辑是否合理。	◇什么样的论点是令人信服的？ ◇证明主张的最佳论据是什么？ ◇如何最有效地组织和表达“我”的论点？

> 在很多情境中，比如日常生活中或工作中，精通数学的人都可以运用他们所学的数学知识解决遇到的问题，然后再分析是否将问题有效解决了；如果没有，就可以重新修改数学模型，直至有效为止。
>
> ——资料来源：《共同核心州立标准》的数学部分

学习目标	基本问题
◇数学模型能够简化复杂现象，帮助理解和解决问题。 ◇必须以批判性的眼光看待数学模型，这样才不会有误导的现象发生。 ◇有效的问题解决者总会检查解决方案是否合理。	◇如何用最佳的方式模拟这种现象？ ◇这些结果有意义吗？ ◇在这种情境下，该数学模型的局限性是什么？ ◇有效的问题解决者会怎么做？ ◇我如何知道答案是否合理？

注意：我们不建议每个年级都运用这个方法来提出基本问题，因为有太多的课程标准了。这个方法最适合比较宏观的课程标准（例如锚点标准和惯例）和总领性纲要（例如21世纪技能）。

如何在课堂上应用基本问题？

使用基本问题的根本目的是通过提问不断激发学生探索新的事物、拓展新的信息，判断基本问题是否有效需要经历如下四个阶段。

	阶段一：引入一个探究性问题	阶段二：引发各种回应并质疑这些回应	阶段三：引发并探索新的角度	阶段四：暂时告一段落
目标	确保这个基本问题契合当前学情，与当前所学单元或课程内容相关，并能以文本、研究项目、实验、答疑、议题或情境模拟等方式为媒介，方便学生通过解决这些联系生活的问题，获得经验和成长。	根据需要使用提问技巧和协议，最大限度地激励学生回答，即使答案不够完美也无妨。并且，能够让学生借助不同答案中暗含的不同观点来探究原始问题。	为深入探索提供新的文本、数据或现象，旨在刻意扩展探索角度，激发新的回答，且将它和以前的答案进行比较，寻找可能存在的联系或不同之处。	要求学生针对新提出的问题，从内容和过程上概括他们的新发现、新见解或者还有待解决的（或刚提出的）疑问。
示例	什么是科学？ 它和常识、经验主义有什么联系或不同？	针对基本问题——科学是什么？科学有什么作用？我们应多大程度去质疑？简单节选出三种完整的回答内容，让学生阅读了解。	要求学生做两个不同的实验，其中方法各不相同，并且误差幅度很明显，再阅读科学史上曾产生的一些争议和错误的发现。	关于科学本质这一问题，要求学生概括他们的发现、新见解、有待解决的（或新产生的）疑问。

（McTighe & Wiggins, 2013, pp.44–46）

如何应对使用基本问题时遇到的挑战?

与任何教学策略一样，使用基本问题也面临着一系列挑战，可能面临的困难有两点:（1）课堂讨论时,（老师和学生）给出的回应无效或不恰当;（2）不可预测性。下面提供一些建议，以帮助老师和学生更好地使用基本问题。

问题1：对合作探究的目标尚不清晰

教师方面的因素：

- 言语举止透露出学生仿佛已清楚了基本问题的含义。
- 认为简单地提出问题就足以使学生了解整个过程。

学生方面的因素：

- 认为有一个“最佳”答案，或者任何回应都是可以的。
- 认为无须解释或证明自己的回答。
- 寻求老师的帮助（例如，“只要告诉我们你想要什么”）。

建议：

- 提醒学生，重要的是认真参与而不是参与的次数。
- 重视并感谢他人给出的评价。
- 找出学生还无法快速接受的未经检验的猜想。

问题2：缺乏批判性

教师方面的因素：

- 不鼓励学生从不同角度思考基本问题。

学生方面的因素：

- 等着别人给出正确答案。
- 认为文本里出现的内容，就一定是正确的。

建议：

• 让学生阅读书评、精选文章或观点有冲突的文章，让学生懂得即使在重要问题上也是可以存在分歧的。

• 扮演“魔鬼代言人”，保留叛逆精神。

• 举办一场正规的辩论。

问题3：恐惧感

教师方面的因素：

• 作为权威人物，担心场面失控或丢了面子。

• 过多地插手学生的交流。

• 只点名能力较强的学生回答问题。

学生方面的因素：

• 害怕公开发言或担心看起来很愚蠢。

• 发言总是以此为开头——“我知道这听起来很愚蠢，但是……”。

• 课堂上不发言不参与讨论，但课前课后却滔滔不绝。

建议：

• 给学生充足的思考时间，并要求学生在发言前做一些笔记。

• 首先请两个或三个小组分享想法。

• 让学生观看一个完整的讨论交流视频，了解真正有效的讨论是怎样的。

问题4：独霸

教师方面的因素：

• 替学生回答问题。

• 在评论后回复并发表自己的意见。

学生方面的因素：

• 在另一名学生的每条评论后发表意见。

• 发表笼统的、自以为是的一家之言。

建议：

• 让在课堂上特别活跃的学生负责做笔记或成为活动观察员。

• 将学生分成两组，所有在课堂表现活跃的学生分在一个组，然后其余组讨论时，让该组观察并做笔记。

• 提醒学生，这是帮助他们尽可能多地听取不同观点的最好方法。

学生需要了解基本问题的哪些核心概念？

使用基本问题时，教师需要有意识地引导学生了解新的“游戏规则”，明确基本问题的设计意图、相关惯例和作用变化。下面梳理了基本问题的一些独特之处，需要学生有所了解（McTighe & Wiggins, 2013, p.44）：

• 基本问题没有唯一的正确答案，人生充满了多元可行的替代方案。

• 每个人都有权发表意见，但是有充分的证据和合理的理由支持，才能够算是最好的观点。

• 真正理解重要的观点和保持健康的体魄一样：它需要不断地实践和练习。

• 质疑不只是参与者的游戏，每个人都需要积极倾听和参与。

• 每个人都机会平等，我不会只邀请举手的人。

• 当我或其他人质疑你的发言时，并不表示我们不喜欢你或不尊重你所做的贡献，而是我们想对这个想法有更深入的了解。

• 以开放的态度考虑另一种观点可能有助于你阐明和拓宽你的想法和理解。

• 犯错误也是学习的一部分，如果你从不冒犯错误的风险，那么你就不会有进步，这就是我们质疑答案的原因。我们可以进一步改进答案，使它更加完善。

• 你可能会发现自己正在重新考虑自己认为已经理解的事情，这很正常，甚至是可取的。

应该如何回应学生的回答?

提出基本问题肯定是必要的，但仅仅抛出问题然后就不再推进是远远不够的，教师处理学生回答的方式，会大大影响学生参与的程度和思考深度。我们建议老师可以定期这样做。

要求学生打开思路，并且对学生的回答继续追问下去，例如：

- 为什么？
- ________是什么意思？
- 你能详细说明吗？（再补充说明）
- 你的理由是什么？
- 谁有不同的想法？

挑战学生的立场，或提出第二种可能，要求他们对此进行澄清和辩解，例如：

- 你会对不同意的人说些什么？你怎么能说服他们？
- 我们应该考虑另一种观点或方法吗？
- 真的是“非此即彼”吗？
- 你这么说的时候假设了什么？

使用各种实用的回答方式，例如“计时”“随机点名”“思考—讨论—分享”或其他常见的回答方式，如举手、到白板上写、用答题器等。

要求学生对基本问题提出自己的疑问或看法。

应该如何正确处理学生不准确或不恰当的回答?

可以想到，有些学生回答课堂问题或基本问题时，会给出不准确、欠考虑，甚至偏离主题的答案。

学习时犯错是不可避免的，学生甚至需要通过不断地试错来改进自己，因此，面对不正确的（尽管有缺陷的）回答，我们都应给予全纳，并尝试不要带有个人色彩，不要妄自评价别人的回答。

避免显现出任何蔑视、嘲笑学生的语气，尤其当学生犯了非常低级的错误时。

使用各种引导方式，帮助学生阐明他们的想法，例如："你可以澄清吗?""你可以重新表达吗?""我理解的是，你在________，对吗?"

纠正错误内容，再次强调问题的重点。

重新引导学生回答问题并鼓励其他学生参与进来。

请记住：老师的作用是不断地引导学生去思考和提问，老师可全程充当一个低调的裁判和一个细心的倾听者。

常见问题

一个学习单元中应该有几个基本问题?

这很大程度上取决于学习单元的内容和课时量。如果针对只是一个学科中的一个主题，只需要花费2周课时的学习单元，那大多数情况下，会设计比跨学科且需要12周课时的学习单元更少的基本问题。注意，基本问题是要经受长时间的推敲和反复研究的，不宜太多。一般情况下，平均一个学习单元设计2 ~ 5个基本问题即可。

我发现知识型学科使用基本问题效果很好，但如何在技能型学科（比如体育、音乐等）中使用呢?

基本问题在技能教学中也可以发挥重要作用，在很多情况下可以使用，具体如下：

针对有效技能培养的核心概念——扭矩如何影响运动时的发力?

技能的目的或价值——为什么我们要遵循语法规则?

策略或方式——有经验的读者读文章时遇到困难会做什么?

背景——你应该在什么时候使用这个策略?

我们可以对小学低段学生使用一些基本问题吗?

由于小学一年级的学生通常专注于入门概念和基本技能的学习，因此并非所有内容都必须与基本问题联系在一起。但我们认为，对于一些"大观念"，小学低段学生可以通过探索适合自己发展的基本问题来获得，例如，如果我们没有数字会怎样？一个好的听众是怎样的？我们如何通过感官了解世界？如果我们看不见，听不到，闻不到气味……，怎么办？

小学课程（国际文凭）已经确定了一组适合小学阶段的通用基本问题，包括：它是怎样的？为什么会这样呢？它是怎么运行的？它是如何变化的？它如何与其他事物联系在一起？我们怎么知道？我们想学什么？我们将使用哪些资源？我们将如何更好地学习？我们怎么知道自己学到了什么？

? 标准化测试并没有提出基本问题，且不会将回答基本问题作为评判我们的标准，那为什么还要使用基本问题呢?

请注意不要将大多数标准化测试的做法（大多数采用了选择题和简答题）和十分严格检测认知能力的测验题相混淆。从美国州考试和《国家教育进步评估》（NAEP）可以看出，学生容易做错的题目不是低阶的、只考查记忆的题目，而是处于“知识深度”（DOK）等级的2级和3级，这意味着它们需要应用迁移和更高层次的技能，例如分析、解释和问题解决。

使用基本问题有哪些技巧?

1. 可以利用基本问题优先筛选学习内容，帮助学生专注学习关键思想，避免笼统涉猎所有内容，这样既浪费精力又影响学习效率。

2. 将基本问题张贴在教室显眼的位置，以此不断提醒学生它们的重要性。

3. 选择或设计与基本问题明确相关的评估任务。

4. 用通俗易懂的语言（正如需要的那样）来组织基本问题，要符合学生的年龄和经历，尽可能地易于理解，和学生的生活经验相关联，引人入胜并且具有挑战性。

5. 针对每个问题设计特定的具体的探索性活动。

6. 给问题排序，使学生在解答时能“自然地”从一个问题引向另一个问题。

7. 鼓励学生围绕这些问题做笔记和使用学习指南，以突出说明它们的重要性。

8. 帮助学生从自身经历分析问题，让他们分享示例和个人故事，使基本问题对学生产生实际意义。

9. 分配充足的时间来探索基本问题，也就是说，要多研究示例，并思考包含的子问题和迁移的可能性。

作者简介

杰伊·麦克泰[1]

参考文献

1. National Governors Association Center for Best Practices & Council of Chief State School Officers. (2010). *Common Core State Standards*. Washington, DC: Authors.
2. McTighe, J., & Wiggins, G. (2013). *Essential questions: Opening doors to student understanding*. Alexandria, VA: ASCD.

① 详见本书第 46 页相应介绍。

6 激活思考的提问策略

（QUESTIONING STRATEGIES TO ACTIVATE STUDENT THINKING, 2017）

[美] 杰基·阿克里·沃尔什（Jackie Acree Walsh） 著

于冬梅[①] 译

41 个课堂教学建议

5 个关键决策

33 个实例

① 上海师范大学学校课程与教学博士生，江苏第二师范学院教育科学学院讲师。

如果课堂提问（classroom questioning）得以有策略地进行计划和执行，则很有可能使所有学生都参与到与学习目标相关的思考和表达中。对以下五个关键问题做出有意识决策的教师不仅能激发学生的学习动机，还能让学生建立对学习的责任感。如果不能将以下这些方面纳入课堂规划，就会导致较多学生受挫，因为那些成绩好、自我效能感高的学生会主导课堂互动。

五个影响公平参与课堂提问的关键决策

什么问题能把学生和学习目标联系起来？	大多数教材和一些其他预设的问题都是“淡而无味”的，不能激发学生思考和反应的兴趣。只有将这些问题置于特定的课堂情境，且针对学生量身定制时，才会吸引学生的注意力，并激活与学生旧知及已有经验之间的潜在联系。
如何让所有学生都参与回答？	如果不能解决这个问题，将导致很大一部分学生几乎从不回答问题。有意识地选择涉及所有人的反应结构，并设定互动的明确期望，将促使学生更公平地参与课堂互动。由于要学生自己最终选择是否参与，因此必须教给他们新的程序，并提出明确的期望，且一以贯之地落实下去。
如何提供脚手架以支持学生思考？	当学生不能正确或完整地回答问题时，他们经常被“弃之不顾”了。这就传递出这样一个信息：他们的回答并不重要。有目的地设计后续问题以支持这些学生，可以提高他们的参与度和学习水平。
如何鼓励学生提问和自评？	较少学生具备能让他们自我评估和提出问题的元认知知识。教授这些技能并鼓励使用元认知可以提高学生的参与度和学习水平，尤其是对那些最不可能使用这些策略的学生来说，更是如此。
如何将学生的回答作为反馈来指导教学？	很多时候，在学生回答完问题之后，教师会对答案进行评估，并立即提出下一个问题。但是，如果有策略、有计划地使用学习者的回答作为反馈，以决定下一步的教学行动，这有助于让更多未投入学习的学生留在学习区内。

三个平衡回答机会的高效策略

1. 利用“思考时间”让每个学生都有时间理解问题的意义、进行自我评估与准备回答（思考时间1），并消化发言者的回答，与自己的回答进行比较，以形成问题来澄清或表达好奇（思考时间2）。从提出问题到指定学生回答之间停留3～5秒（思考时间1），并在发言学生发言后停留3～5秒（思考时间2），这样，可以提高学生参与回答的比例，并提高学习水平（Rowe, 1986）。

2. 选择回答结构，让每个学生对自己的答案负责。在大多数课堂中，学生自愿举手回答问题，而不必遵循默认程序。在教师指导的教学中，由教师决定谁来回答问题可以促进学生更公平地参与。

3. 提出后续问题，以表明错误回答和正确回答对学习都很重要。这种策略能够促进低成就者的思考和参与，如果没有这一步骤，他们通常看不到参与这种课堂互动的价值。

什么问题能将学生与学习目标联系起来？

高质量的问题总是与课程标准和学习意图相关联的，但为了使其发挥最大的作用，这些问题还必须与期望回答问题的学生建立联系，尤其是那些传统意义上参与不足的学生。实现关联的第一步就是要找出符合标准的问题，并修改这些问题以匹配学生的能力水平。

连接学习者与内容的问题特征	问题设计建议
1. 最近发展区——在学生的能力范围内，凭借教师或同学提供的脚手架进行回答。	◇解决已确定的学习意图与学生目前掌握水平之间的差距。 ◇根据学生的差异程度来区分问题，基于学生的水平来改变措辞或复杂性。
2. 个性化——将学生置于要解决的问题或争议中。	◇将问题与特定学生的兴趣（如体育、音乐、时尚、电影）关联。 ◇适当时使用第二人称“你”来吸引学生参与提问。

续表

连接学习者与内容的问题特征	问题设计建议
3. 聚焦注意力——集中、清晰、明确。	◇确保问题不是双重主题的。也就是说，这种挑战应该促使学生只思考一个问题。 ◇将大观念分解为易于理解的内容。
4. 令人困惑的——由新颖、充满挑战等引发好奇心。	◇要超越简单的回忆来吸引注意力和引发思考。 ◇尽可能在问题中嵌入一个两难情境。
5. 链接到其他学科——邀请学生将正在学习的内容与其他学科相关联。	◇鼓励跨学科联系——建立在学生对其他学科的兴趣之上。 ◇在可行的情况下链接校外、真实世界的应用程序。

课堂中的重要问题不要超过四个

教师应该认真设计课堂教学中的问题，将其用于连接重点教学内容和所有学生。虽然这需要时间和精力，但回报是巨大的。关键是要确保不论在哪个阶段提出的焦点问题都符合以下重要标准。

焦点问题的标准	
教师直导教学	讨论
与学习意图一致。	与长远的学习目标一致。
阐述一个关键的理解内容或技能，这是将学生带入学习下一个阶段所必需的。	关注会产生多种观点或造成认知失调的一个概念或问题。
让学生超出记忆或回忆水平参与学习。	要求学生从多个文本来源中提取内容以支持自己的主张。
措辞清晰简洁，包括学术词汇。	

四个确定问题认知要求的建议

简单的回忆性问题并不能让学生为基于标准的评估做准备，更重要的是，也不能让学生为有效的公民身份做准备。明确认知要求是形成问题的重要组成部分。

1. 首先从教学目的开始，然后考虑认知水平。认知水平决定学生如何处理知识，从而决定学习的效果。认知水平本身并不是目的。

2. 选择最合适的认知水平作为起点。例如，如果目标是促进学生将所学知识和技能迁移到新的情境中，那么在给定的情境中应用或分析是否更合适？

3. 使用适当的框架或工具（例如，韦伯的知识深度模型、修订的布卢姆目标分类学和可观察的学习结果框架）。这些框架或工具可以帮助选定动词，以激活所需的认知过程。

4. 在学生的回答中找出符合问题认知要求的细节（例如，如果要求学生评估一个议题，则回答应该包括用于评估的标准）。超过50％的学生对教师问题的回答不能满足问题的认知要求。

使用单词和短语激发学生的好奇心和建立联系	
建议	例子
1. 首先从设置情境的句子开始，该句子提供了希望学生关注的重要事实信息，然后提出一个问题。	克里斯托弗·哥伦布（Christopher Columbus）于1492年向西航行，试图寻找通向印度的新航线。然而，他却“发现”了一个新世界。你认为谁是受此“发现”影响最大的人？提供文字证据以支持你的回答。
2. 将是/否的问题转化为需要理解的问题。	为什么鳄鱼是爬行动物，而不是两栖动物？
3. 提供问题的答案，并要求学生说明答案的理由。	在一场篮球赛中，安东尼奥总共得了25分，包括同样数量的三分球和两分球。他的三分球和两分球各得了多少分？

如何让所有学生都参与回答？

建立一个课堂社区，让学生可以在其中相互合作以支持彼此的学习，这是建立个人参与责任制的关键。教师的决策包括选择和加强课堂期望、规划支持公平参与的反应结构、提供明确和一致的示范，以形成一种安全和支持的课堂文化。这项工作的关键是要消除以举手作为申请课堂回答机会的标准程序。

对学生期望的例子	给教师的建议
1. 积极地倾听所有的问题，试图理解所问的问题。	◇帮助学生理解为什么问题对他们的学习很重要，以及如果他们不理解问题，为什么还应要求得到澄清。 ◇如果一个学生没有回答问题，请让他解释此问题。
2. 准备好回答你认为自己知道的问题或问一个问题来证明你的理解。	◇把不正确的回答作为教学机会，尊重那些冒着犯错风险回答问题的学生，用他们的回答加深大家的理解。 ◇鼓励学生用提问的方式将他们所知道的内容与被提问的内容联系起来，并允许他们对感到困惑的内容提出问题。
3. 如果老师点到你，要准备好回答。	◇取消举手和点名回答的方式，并帮助学生理解你为何这样做。 ◇对害羞的学生要细心体察，与他们一起建立自信。
4. 如果在教师或同伴的帮助下，你仍然无法回答问题，也期望稍后可以继续被问到（不要选择退出）。	◇经常回过头去找那些“看起来似乎已经懂了”的学生，以确保他们在同学做出正确回答后能够理解，并根据需要倾听和提问。 ◇如果是一个非常害羞的学生，你可以选择在同学们独立学习时或课后与他单独交流。
5. 积极、尊重地倾听，以决定你是否同意同学的回答以及理由。	◇向学生提供与他人意见相左时可以使用的短语和句子。 ◇使用“链接法”（Chaining）（Marzano & Pickering, 2011），这要求学生解释同学的回答，然后陈述同意（在回答中添加）或不同意（说明其想法和原因）。
6. 当你的同学寻求帮助时，通过解释予以支持。	◇使用“给朋友打电话”的策略来帮助学生培养自信和控制感，并强化寻求帮助的行为。 ◇有策略地使用“思考—配对—分享”法和其他配对的反应策略。

续表

对学生期望的例子	给教师的建议
7. 鼓励他人发言，尤其是那些没有参与的人。	◇帮助学生理解公平参与的价值（倾听课堂中的所有声音）。 ◇指定一名学生做监察员，以跟踪在课堂上发言的同学以及在指定的时间段内发言的次数，并向全班报告。让学生为自己和他人的参与设定目标。

九个增进个人和团体责任感的反应结构示例

在教师指导下的全班提问		在有组织的小组讨论中
1. 随机系统：冰棒棍、随机数生成器。	2. 提问样本：高配技术（例如，在线文档、协作软件）、低配技术（例如，学生版平板、白板）。	1. 基于文本的协议：提供合理有序的程序，规定发言人、发言时间以及发言时长。
3. 全反应系统：电子替代品（例如，应答器、应用程序）、反应信号［例如，大拇指朝上、朝下或侧边，彩色编码卡（绿色=我搞定了；黄色=没有把握；红色=一头雾水）］。最好的做法是教师跟进特定的人，问“你为什么会这样想?”，以深化思考。	4. 齐声回答：预期反应、小组口头反应有助于在早期阶段加强学习。	2. 无声思考，协作对话：四人一组，学生静静地思考并将思考内容用图表来表示；审视并分析彼此的作品；最后讨论以共享、比较和综合想法（例如，“餐垫”“印迹思考”）。
5. 教师选择：教师根据感知到的学生准备程度、兴趣等来决定谁来回答问题，从而使学生与问题相匹配。	6. 配对反应：思考—配对—分享；思考—写作—配对—分享；同桌分享。	3. 个人评价和小组对话：四角位（SA、A、D、SD），人物图（百分位选择）。

如何提供脚手架以支持学生思考?

如果学生不参与回答，或参与回答但回答不正确、不完整，抑或回答完全正确，教师应该怎么做?教师的这些决策决定了学生是否坚持思考，也有助于学生了解教师提出问题的目的及参与的重要性。

学生的回应	教师应该	通过提问或陈述
耸耸肩，茫然地凝视，或者说“我不知道”。	◇找出学生所知道的内容并以此为基础开展教学。 ◇提示或提供线索以唤醒学生记忆。	◇你认为问题问的是什么？ ◇问题中的关键概念对你来说意味着什么？
不正确	◇提出后续问题来支持学生思考。 ◇将最初的问题分解为较小的问题。	◇你说……，为什么这么说？ ◇让我们重新考虑一下。首先，你对“关键词”了解多少？
不完整	◇确认答案中正确的部分，然后，提出一个后续问题来引出更多的信息。	◇你说……是正确的，你能再补充一下吗？
完全正确	◇提出一个问题来加深或扩展学生的思考，或让其他学生来效仿。	◇你正确地回答了问题，但我想听听你的更多想法。 ◇有什么证据支持你的想法？

有效的脚手架离不开预设

在快节奏的课堂互动中，事先考虑好以下四个与每个焦点问题相关的问题是准备脚手架的最佳方式。

问题	设计脚手架的建议
一个完整、正确的回答需要哪些知识和认知条件？	◇生成正确答案所需的具体事实，形成要解决的问题，找出学生的知识缺口。 ◇明确问题所要求的思维水平和相关的倾听要求，以便在课堂上对这个维度进行评估。
在学生的回答中，我可以预见哪些错误？	◇考虑可能出现的遗漏（例如，没有提供文本证据，跳过解决方案中的一个步骤）。 ◇确认与语言或社会文化背景相关的学生的潜在困难（例如，词汇或问题结构）。 ◇确认之前学生表达中的主要迷思概念。

续表

问题	设计脚手架的建议
如何对每个已识别的错误做出回应?	◇解释学生的回答，然后指出遗漏的类型，并要求其继续思考。 ◇向学生询问他不理解的是问题的哪一部分。准备一些针对学生特点的不同措辞的问题。 ◇提出旨在解决特定迷思概念的一个后续问题。
如何对一个完全正确的学生答案做出回应?	◇要求学生提供基于文本的证据或其他证据。 ◇请学生将此概念与以前学习过的概念或现实世界的情境联系起来。

与公平支持学生回答和思考支架相关的教师思维框架

欣赏地倾听。通过倾听以了解每个学生的贡献，并保留即时反馈（正面或负面）。注意倾听学生交流中的言语和非言语信息。

评估学生的贡献。非言语的暗示，包括面部表情和肢体语言，向学生传递强有力的信息——表达开放、尊重或是没耐性、不赞成。盯着发言者、点头、微笑、靠近，所有这些都表示你对他所说的感兴趣。

集中思考。你和学生的注意力都集中在要思考的问题上，必要时可重述问题。

公正。确保倾听所有的声音和保持客观是教师公正的两个标志。“关注”所有学生，而不仅仅是那些能给出正确答案的学生，是衡量公平的另一个指标。

非言语支架

时间：提供思考时间1和思考时间2，让学生有时间详细阐述最初的回答并表达他们的想法。

鼓励手势：点头、靠近、积极的面部表情和开放的姿态，向学生表明教师对他们努力的兴趣和认可。

如何鼓励学生提问和自评？

最好的情况是，教师提出的问题会促使学生进行自我评估，可积极引导学生提出三类问题：自我问题（个人默默反思时提出的问题）、澄清问题（学生感到困惑时提出的问题），以及好奇心问题（对某个话题的好奇）。

自我问题：支持学生在学习前、学习中和学习后对自己进行评估的问题

将这三组问题作为脚手架给到学生，帮助他们养成对自我提问的习惯。

课开始时……

让学生关注日常的学习目标，并留出时间供他们进行反思。

- 今天我要学习什么知识、技能或品格？
- 为什么学习这些对我来说很重要？
- 我现在对这些有什么了解？
- 我今天的个人学习目标是什么？

课进行中……

为学生提供时间和机会来让他们反思自己是如何朝着学习目标前进的。

- 我认为我正在学习的东西与学习目标相关吗？
- 此时，我在努力做什么？
- 我可以使用什么策略和资源来推进我的学习（例如，提问、重读或重新思考）？

课结束时……

在一节课结束时，让学生有时间确定他们达成学习目标的程度，确定他们已经掌握的和尚未掌握的知识与技能。

- 今天我掌握了哪些知识、技能或品格？
- 证明我获得这些学习成果的证据是什么？
- 关于今天的学习目标，我还有什么疑问？
- 我该做些什么来深化学习？

发展提问技能的结构示例	
配对提问 (I-Q Pairs)	在阅读、观看视频或倾听他人的发言之后，学生（单独地、静静地）产生一种观点和一个问题。然后，他们与合作伙伴交换想法，完善自己的想法，并对修改后的观点和问题达成一致，再与他人分享。
质疑圈 (Questioning Circle)	学生在课文中找出一个让其产生真实问题（即没有答案的开放问题）的句子或段落。在进行了个人思考之后，以四人一组的方式分享各自的问题。一名发言者先读问题以及文中激发问题的部分，此时暂无讨论。接下来，其他小组成员依次分享一个（不同的）问题并指出相关文本。小组主持人就引发各自问题的原因组织讨论：如果有的话，这些问题有什么共同点？是什么引发了这些疑问？
观察—思考—质疑 (See-Think-Wonder)	当学生观察一件艺术品、看一本书的封面或观看一段视频时，请使用这种思考方式（Ritchhart, Church & Morrison, 2011）。学生依次回答以下三个问题：我看到了什么？我如何看待所见？我对所见有什么疑问？首先个人进行书面回答，然后围绕这三个问题进行小组讨论。让学生在便签上写下答案并张贴。
思考—质疑—探索 (See-Puzzle-Explore)	这一种思考方式（Ritchhart, Church & Morrison, 2011）可作为一个单元学习开始、中期或结束时的形成性评估方式。给定一个或多个概念，学生独自默默地回答下列问题：我认为我对这个概念了解多少？是什么让我对这个概念感到困惑？我们如何共同探讨这个概念？

为学生自我评估和提问提供时间

如果学生明白以下两种思考时间是如何支持他们学习的，他们就会进行自我评估并提出问题。

思考时间1（全体学生）

解释这个问题并分析你认为它在问什么。

利用这段时间自我评估一下你对问题的了解程度。如果你需要澄清所问的内容，请提问。

思考时间2（发言学生）

反思一下你所说的话，并根据需要修正或补充你的答案。

如果你需要澄清或对某方面产生好奇，请提问。

倾听发言者的回答来理解他所说的内容

比较你最初的回答（在思考时间1所产生的答案）和发言者的回答，评估你是否同意及理由。

如果你感到困惑或好奇，可以向发言者或教师提问。

如何将学生的回答作为反馈来指导教学？

学生的回答对于教师决定下一步的教学行动和规划将来的差异教学具有宝贵的价值。

来自学生的形成性反馈将指导下一步的教学行动

情形	教师行动的示例
教师发现几乎所有学生都偏离了教学内容。	回头重来和重新教学，在有困惑的地方提供直导教学。
一些学生已经掌握了学习目标，而另一些学生则处于学习的不同阶段。	计划第二天的差异教学，为非熟练掌握的学生继续讲解浅层知识并扩展其他学生的学习活动。
根据学生的自我评估将学生分成三类：（1）足够了解并可以教别人；（2）需要更多的解释或练习；（3）真有困惑。	将一个有信心的学生和一个需要额外练习的学生组织起来，组成同伴教学小组，并亲自与那些仍然感到困惑的学生一起学习。

对学生形成性反馈的示例

在教师指导的教学中	教师可以	学生就会
当学生正确回答只有一个正确答案的问题时	◇确认回答 ◇让其他学生表示同意或不同意，并请一个学生解释	学习得到强化
当学生给出多个正确答案中的一个时	◇提问："你为什么这么说?" ◇邀请一个有不同答案的学生解释自己的想法	提供思考的理由或证据；深入思考
当学生对一个问题给出正确但不完整的回答时	解释，确认回答中的正确部分；询问后续问题以凸显缺少的内容	弄清楚他们正确理解了什么和他们可能还不知道什么
在讨论中	**教师可以**	**学生就会**
当学生对话涉及焦点问题，涉及课堂的大部分内容，并且准确且有证据支持时	节制反馈，包括及时表扬	继续思考和讨论
当几个学生垄断讨论时	要求主导发言者退后一步，并邀请其他学生表达自己的想法	学会包容多种声音和向他人学习
当讨论远离焦点问题时	请学生在便利贴上写下无关的讨论内容，并放置在指定的区域供以后讨论	聚焦主题，加深预期的学习
当学生使用错误信息并且同伴无法纠正时	介入，要求提供信息来源或相关证据；必要时纠正事实性错误	对准确性负责

作者简介

杰基·阿克里·沃尔什（Jackie Acree Walsh）是一名独立教育顾问，她与美国各地的教育工作者合作，以提高课堂、学校和地区的教学水平和领导能力。她是《课堂提问助讨论：能言、善听、乐思》（*Questioning for Classroom Discussion: Purposeful Speaking, Engaged Listening, Deep Thinking*）一书的合著者。你可通过电子邮箱walshja@aol.com与她联系。如需了解《课堂提问助讨论》和《改进课堂讨论》（*Questioning for Classroom Discussion and Improving Classroom Discussion*）两书的更多信息，可访问以下网址：www.ASCD.org。

参考文献

1. Marzano, R. J. & Pickering, D. J. (2011). *The highly engaged classroom*. Bloomington, IN: Marzano Research Laboratory.
2. Ritchhart, R., Church, M., & Morrison, K. (2011). *Making thinking visible: How to promote engagement, understanding, and independence for all learners*. San Francisco: Jossey-Bass.
3. Rowe, M. B. (1986). Wait time: Slowing down may be a way of speeding up!. *Journal of Teacher Education, 37*(1), 43–50.
4. Walsh, J. A., & Sattes, B. D. (2015). *Questioning for classroom discussion: Purposeful speaking, engaged listening, deep thinking*. Alexandria, VA: ASCD.

7

改进课堂讨论

（IMPROVING CLASSROOM DISCUSSION, 2017）

[美] 杰基 · 阿克里 · 沃尔什
（Jackie Acree Walsh） 著

朱秋禹[①] 译

4 个教学实践

38 个建议和策略

5 种学生新角色

① 浙江大学教育学硕士，深圳市南山外国语学校（集团）滨海小学教师。

教师如何改进课堂讨论?

转换角色是成功开展课堂讨论的关键。讨论是课堂互动的模式之一，能让学生参与发言和彼此倾听，而不仅仅与老师互动。有良好结构的生生互动能让学生理解新知识的意义。这个有效的学习方法需要老师和学生在角色和实践上实现转换。

教师从控制者到支持者的角色转换

组织学生进行有效讨论的教师，放弃了对学生和课堂的直接控制，转换为支持者和引导者的角色。教师这样做并不意味着放弃了职责，而是他们把重心转移到教会学生成为更有责任感的学习者上。

教师角色的转换	
以前	现在
提问者	讨论进程的倾听者和监管者
讲话的垄断者	确保所有学生公平参与的倾听者和引导者
评价者	倡导学生对知识和推理进行自我评估和同伴互相评估
课堂讨论的枢纽	鼓励生生互动

学生为自己的学习负起更大责任

精心设计的讨论使学生坐到“驾驶座”上，在与同伴合作的同时积极地指导和管理自己的学习。

学生角色的转换	
以前	现在
顺从、被动的观察者	坚定、主动的贡献者
老师问题的回答者	问题产生者
依赖型学习者	自我指导型学习者
孤立的竞争型学习者	合作型学习者
教师知识的容器	自己理解的建构者

四个支持学生讨论的教学实践

学生如果要接受这些新角色，就需要改变他们在课堂中对自己的看法。没有老师的指导和支持，学生就无法承担这些主要角色。

公平参与　　社会交往
合作探究　　认知
深度思考　　知识应用

提出引人入胜的问题　　教师指导
确保学生准备好讨论　　结构化的小组
鼓励学生持续思考　　学生主导

明确期望

学生需要对预期的行为进行澄清，当这些行为与以前的课堂规范有显著差异时尤其如此。仅仅告诉学生期望是什么还不够，教师必须做示范和辅导。

对学生参与的主要期望

与你的学生分享这些期望。

公平参与

监控自己的发言——参与，但不要滔滔不绝。

鼓励他人参与，特别是那些尚未发言的人。

当你有想法要贡献想发言时要学会见缝插针。不要等着举手说话，要寻求建立一个自然的有节奏的讨论氛围。

合作探究

积极倾听以了解同学发言的要义。

对他人的想法持开放态度。

分享你的想法，以便其他人可以有所收获。

与同学交谈，而不仅仅是与我（老师）交谈。

善于提出问题，了解同学陈述背后的想法。

考虑同学的想法和感受。

当不同意别人的意见时，要用有礼貌的方式提出。

深度思考

思考你所说的话，并决定是否以及如何阐述或提出问题。

反思同学在说什么，并决定你是否同意。

在各种概念之间建立联系。

如果没有提供证据，则要求提供证据。

感到好奇时要及时提问。

通过提出“如果……该怎么办?”等问题来参与思辨。

提出假设，并寻求因果关系。

即使你不确定自己的想法，也要保持好奇。

四个示范和指导的建议

◆ **在讨论中鼓励所有学生参与思考和发言**

在开始讨论之前，应强化公平参与的准则。

不要采用先举手后发言的规定。

要求以前不参与的学生以同学的评论为基础进行发言。

◆ **使用出声思维法进行示范**

演示如何使用思考时间，并对学生的沉默发表评论，说："你停止发言后我没有马上接下去讲，因为我想为你提供机会，让你补充想法。我也要对你的发言反思一下，再决定是否同意以及是否需要补充。"

明确地说："我想以你的想法为基础……""我有不同的看法，希望你考虑……""我想了解你是如何得出这个结论的，所以我将提出一个问题来检查你的想法。"

◆ **避免评价性反馈**

即使某个学生发言有点离谱，也还是要说些好话予以鼓励。表扬一个学生可能会让其他人的思考停滞。讨论结束后，向学生提供正面反馈。

向学生提出问题的作用应该是为其提供思维支架，而不是提供纠正性反馈。

当学生根据错误信息发表评论时，请学生参考课文或其他资料。

◆ **表现出支持开放和有效讨论的态度**

表现出好奇和感兴趣的态度。

使用非语言提示（例如，眼神交流、点头）来表现积极的聆听。

通过发表这样的陈述来表达思想开放的心态："我从未像你这样想过这个问题。欢迎与我们分享你的看法。"

查阅文本以验证陈述或查找证据，并与学生分享。

在思维中表现出灵活性："我将尝试一种新的思维方式，请耐心听我说，并学习这种新的思维方式。"

回应的学生、教师和倾听的学生应该在回应后的间隙做什么

1. 回应的学生	2. 教师	3. 倾听的学生
◇想想他说了什么 ◇增加答案——提供其他信息或将想法带入另一个层次 ◇纠正错误信息或逻辑错误 ◇对令人费解的地方提出疑问	◇倾听以了解学生回应背后的想法 ◇比较学生对“可接受”答案的认知要求与知识之间的差距 ◇决定下一步的“行动”—— （1）向回应的学生提出后续问题 （2）请另一名学生发表同意或不同意意见并提供理由 （3）停下来重新开始学习	◇聆听以了解回应学生的答案 ◇将心中的答案与回应学生提供的答案进行比较 ◇评估自己的回答以及回应学生的回答，准备表示同意或不同意，并提供理由 ◇提出一个问题，向回应的学生或老师提问

（Walsh & Sattes, 2015a, p.50）

定位和培养学生的技能

大多数学生并非一进入课堂就具备熟练高效参与讨论的基础。但是，他们可以学习重要的社交、认知和知识应用技能。从每个确定的技能子集中都会出现其他附加技能。教师必须清楚地了解与这些技能相关的特定行为，给予示范，并为学生提供可以获得反馈的练习机会。

（Walsh & Sattes, 2015b, p.42）

发展学生协作思维

技能	内容
阐述同学的想法。	◇我想对×××之前所说的内容进行阐述。 ◇我很感谢×××所说的，并希望添加一些内容。
积极地让未参与的同学加入其中。	◇我想知道你怎么想，×××。 ◇我一直在发言，我对于尚未说话的人在想什么感到很好奇。
友善回应同学的问题，并进行辩护。	◇你提出了一个很好的问题。下面是我的论证过程。 ◇让我澄清一下。你可能不同意，但我希望你了解我的观点。
对与自己观点不同的意见保持开放。	◇我还没有这样想过，但我想知道…… ◇我一直在以不同的方式思考，但想先不做判断并倾听更多观点。
积极理解与自己不同的观点。	◇你可以解释一下为什么这么说吗? ◇我想知道我们对于（语词或者概念）定义一致吗?
有礼貌地表达不同意见。	◇我不太同意…… ◇我理解你所说的，但是想提供一个不同的视角。

掌握发展学生提问技能的策略

与同伴对话以建立理解时，帮助学生理解两种不同类型问题的重要性：澄清类问题和推测类问题。

提供内容

- 澄清或深入理解?
- 我对________很疑惑。你能举个例子吗?
- 在提出自己的问题之前先解释同学所说的内容。
- 推测或表达好奇?
- 我想知道关于________。
- ________和________之间有联系吗?

为实践提供机会

- 布置短篇阅读作业，以产生三个问题：第一个可以参考文本来回答，第二个需要对文本进行解释，第三个需要将文本同个人联系起来。给学生一个向同学提出问题的机会。

- 布置作业让学生自己提出问题，而不是回答所学内容章节后的问题。
- 提供思考的结构以提示学生提出问题。

为学生提问提供时间和空间

- 通过较长的暂停来让学生形成问题。
- 建一个“好奇墙”，学生可以在上面提出问题。
- 邀请学生提出单元结束的讨论问题。

选择学生参与的形式和结构

学生讨论可以在多种情况下进行，并采用多种形式，包括教师指导型讨论、结构化的小组讨论和学生主导型讨论。选择哪种形式取决于讨论的目的、讨论在单元学习中的作用、学生的学习进度以及学生使用与讨论相关的技能和行为的能力。

三种讨论形式

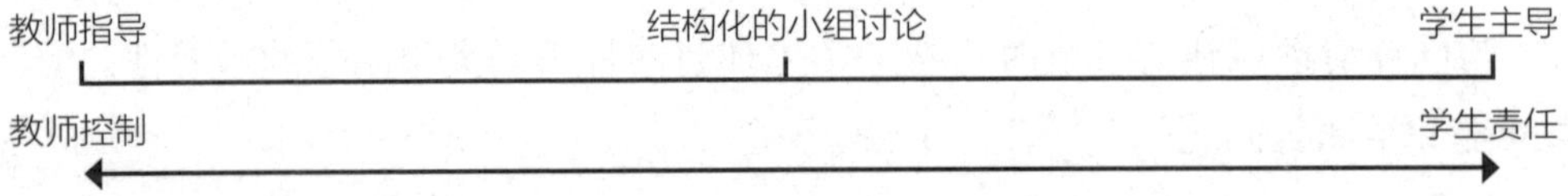

八个引导教师指导型讨论的建议

在教师指导型讨论中（可能会在全班或小组讨论中进行），教师会积极地做出示范和提供指导。

1. 明确在特定的讨论中要关注的具体技能。

2. 使用出声思维法有意地对附加技能进行示范（例如，“我在你讲话结束后停了一下，以便有时间让你多说或让别人发表评论”）。

3. 通过脚手架上的问题、陈述和其他举动来激励学生持续思考和表达（例如，解释学生的评论并要求说明理由，“你为什么这么说?”）。

4. 进行监督和干预以促进公平参与。

5. 鼓励学生基于彼此的观点进行思考，并在适当的时候展示这种技能（例如，“我想基于×××先前说过的话……”）。

6. 尽量少给评价性反馈；相反，鼓励给出自我评估以及同伴评估和反馈。

7. 保持专注于已确定的问题，如果学生提出了超出范围的评论，适当干预一下。

8. 让学生针对进展顺利的地方和取得的进步进行情况汇报。

五个组织学生主导型讨论的建议

在这种讨论形式中，教师坐在讨论圈之外，充当观察者的角色，仅在学生谈话偏离主题时或产生分歧时发表评论或提供指导。教师的关键角色是策划讨论。

1. 提出一个供讨论的重点问题，并适时让学生参与其中。

2. 分派文本供学生在讨论之前仔细阅读或添加注释。

3. 选择适合学生年龄和技能水平以及所学内容的结构。例如，苏格拉底式圈子适合于中学英语课程，而鱼缸会议（一半的学生在内圈讨论，另一半学生在认真听和做笔记）几乎适用于所有年龄和所有内容。

4. 确保学生了解与所选结构相关的程序、交互准则以及他们的角色和职责。

5. 在讨论之前，重点介绍学生正在学习的讨论技能，在讨论结束时让学生反思自己使用技能的情况。

六个开展结构化的小组讨论的建议

小组讨论的成效水平取决于教师选择或制定协议以支持已确定的技能（例如，口语、听力、阅读）的情况，同时也取决于教师对小组互动的监控情况。

1. 确定对主题和学生熟练程度至关重要的特定学生技能。例如，使用基于文本协议的小组可以支持学生应用知识技能的发展。

2. 参加小组的人数和组成。考虑学习能力和社会交往能力的情况，先从两人配对学习开始，再逐步决定是否要将两人小组合并为四人小组，三人小组合并为六人小组，最后考虑小组运作是否和谐。有了以上三种配置，你几乎可以使用任何建组方法了。

3. 选择协议或分步过程以支持你所想象的讨论类型和预期的技能发展。在决定使用哪种协议时，请考虑教学目的、当前和期望的学生技能水平以及组织问题。

4. 让学生接受参与小组讨论的基本要求。在第一次使用该协议之前，可以采取小组进行审查和对话的形式从而让学生有时间了解这些要求的含义。在后续使用之前，请查看要求。

5. 适当指定小组角色—主持人、记录员/报告员、计时员和过程监督员。

6. 在讨论结束时，让小组成员反思自己是否运用已确定技能—进展顺利和有待改进的地方。

激励、支持学生的思考和发言

学生讨论的质量水平取决于教师所做的计划和学生的准备情况。如果教师策略性地为学生做好准备，那么精心设计的问题便是讨论的催化剂。教师计划的一部分是预测可能的绊脚石，并时刻准备好为学生提供脚手架和维持的策略。

为学生的思考和发言搭建脚手架的策略

当学生……	策略
发言很少而后停下来了	尊重停顿，等待学生继续发言或让另一个学生补充。 说一些有趣的鼓励学生的话，例如，“你提供了有趣的观点。我很想多听一些呢！”。
发表错误或未被证实的评论	要求暂停一下，允许学生修改自己的陈述或自我更正，或者允许同学提出问题或提供反馈。 如果其他学生未能提供纠正性反馈，请该学生提供证据。 确保学生以正确的理解或推理结束讨论。
未能将自己的评论和前面的发言联系起来	邀请学生将自己的评论与先前提到的想法联系起来。例如，“我想知道这如何与×××所说的联系起来。”或“我正在尝试将此与以前的评论联系起来。你可以建立联系吗?”。
偏题	让学生重新讨论问题。 邀请学生与该话题建立联系以进行讨论：“你提出了一个有趣的问题（或提出了发人深省的评论）。我正在尝试将其与我们的焦点问题联系起来。”（随后暂停） 要求学生在适当的时候在便利贴上写偏题的问题或评论，并放在“停车场”（一个可以发表远离话题的问题或评论的地方）上。
提出没有论据的观点或主张	如果学生没有对主张寻求证据或提出异议，则要求提供文本或其他类型证据。如果学生无法提供，则将分配寻找支持或反对某主张的证据的任务作为家庭作业。请学生在“停车场”的指定位置认领主张。
展示教师的推理	暂停一下以允许学生重新思考或让其他同学挑战。如果没有人发言，请要求学生解释他的想法。
停止发言	抽出一点时间，邀请学生两人一组回答一个问题，以推动对话的进行。

确保学生为讨论做好准备的清单

学生拥有足够的知识可以参与讨论。

讨论前阅读或研究任务为学生提供对话期间的文本来源。

在开始讨论之前，学生有机会单独、静心思考问题。

在开始讨论之前，学生有机会“打气”。

提出高质量问题的标准

老师在课前精心设计一个问题，以便将特定的一组学生与问题所涉的内容联系起来。该问题应满足以下条件。

- 符合课程标准和学习意图。
- 侧重于一个主题，在此主题中，学生应具有足够的知识，可以做出准确、循证的陈述。
- 是围绕一个学生需要解决的问题而形成的，它会碰撞出多种观点或引起认知失调。
- 为学习内容与先前学习、其他内容领域，或学术知识与经验知识之间建立联系打开了大门。
- 使用会提示分析性思维、评价性思维或创造性思维的动词。
- 措辞清楚。

维持学生讨论的关键

在停止说话后，示范并鼓励学生使用停顿，帮助学生理解。

避免使用直接的评价性反馈，例如表扬和纠正。鼓励同伴评估和自我评估，只有在学生未能自我纠正时才进行干预。

当讨论滞后或精力不足时，暂停讨论以便学生重新恢复。让他们站起来，找到一个同学，一起提出一个从讨论中得出的问题（或提出最重要或最有趣的想法等）。动一动通常可以恢复能量。

邀请一个正在倾听的学生加入讨论（即加入同学的想法）。

支持性文化对于有意义的讨论是至关重要的

与学生一起创造一种文化，以支持学生的知识建构和意义创造。随着时间的推移，明确的期望会变得规范化，并为安全和诱人的环境提供关键的基石。这种课堂文化的核心包括以下四种素质。

合作。学生重视集体思维，并相互借鉴。

开放。问题比答案更重要。学生愿意延缓判断，乐于保持开放的心态。

尊重。不只是包容不同的观点，而是欢迎不同的意见。即使意见不合，学生也会积极表达对他人观点的赞赏。他们试图了解同学思想背后的缘由。

公平。学生认为每个人的意见对整体都很重要。他们鼓励彼此参与讨论并监督自己，以确保行为举止是合理有据的。

四个支持课堂讨论的教师和学生角色

教师和学生承担着进行富有成效的讨论所必需的四个关键角色：提问者、知识建构者、意义创造者和评估者。以往只是教师负责这四个方面的主要责任，而大多数学生则接受被动的安排。发展学生担任这些角色的技能，就会加强他们课堂参与并提升学习能力。

	1. 提问者	2. 知识建构者	3. 意义创造者	4. 评估者
教师	框定一个重点问题，以激发思考和讨论，并为之确定界限。	确保学生具备充分的知识。避免自问自答或提供个人观点。	为学生思考搭建脚手架，帮助他们建立知识联系和个人意义。鼓励开展创造性理解。	为学生提供时间和机会进行自我评估和同伴评估。仅在他们自己无法纠正错误时才予以介入。
学生	向同伴提问，以澄清、寻求证据并表达好奇心。进行自我询问以发现假设。	提供证据支持个人评论和回应。与同学的评论或问题建立联系。	应对新的想法和具有挑战性的内容，建立联系，提出问题，汲取他人意见，以此建立集体和个人意义。	发言和倾听的同时进行自我评估，适当时向同学提供反馈。对所使用的讨论技能和学习内容进行反思。

作者简介

杰基·阿克里·沃尔什①

参考文献

1. Walsh, J. A., & Sattes, B. D. (2015a). A new rhythm for responding. *Educational Leadership, 73*(1), 46–52.
2. Walsh, J. A., & Sattes, B. D. (2015b). *Questioning for classroom discussion: Purposeful speaking, engaged listening, deep thinking*. Alexandria, VA: ASCD.

① 详见本书第 92 页相应介绍。

8 让学生充分参与课堂学习

（ENGAGING STUDENTS IN EVERY CLASSROOM, 2020）

[美] 苏珊·亨茨（Susan Hentz）
米歇尔·瓦奇奥（Michelle Vacchio） 著
胡 双[1] 译

4 个加强参与的步骤

4 种参与度反思

11 项课堂活动

① 浙江大学在读硕士研究生，浙江理想教育研究院研究人员。

何为学生参与?

当学生全神贯注地在完成指向目标成果的、精心设计的学习任务时，学生参与就发生了。教师要引导和鼓励学生成为积极的参与者。通过主动学习策略创建一个参与度高的课堂可以激励每个学生都全神贯注。因此，参与是取得积极学习成果的关键催化剂。学生可以与教师、同伴进行更多互动，深度参与课程，更主动地致力于达成学习目标。学生参与的基础包括：建立一个支持参与的学习共同体、有效的课堂管理、灵活的小组协作以及提问和讨论。

<table>
<tr><th colspan="6">学生在参与式课堂中的五大优势</th></tr>
<tr><td colspan="3">1. 积极的师生关系：学生认为自身的个性得到了认可，并相信教师将对他们的学业、社交和情感成就产生积极影响。</td><td colspan="3">2. 更强的归属感：学生认为自己受到尊重与重视，并在课堂中拥有更强的目标感。</td></tr>
<tr><td colspan="2">3. 加强协作技能：学生相互交流，更好地分享观点和信息、支持和鼓励彼此的学业成就。</td><td colspan="2">4. 提高学业成绩：以学生为中心的课堂重视学习上的责任分担，学生在其中表现得更出色。</td><td colspan="2">5. 主动学习：当学生积极参与一个鼓励任务指向型的学习过程时，他们会觉得学习更有意义。</td></tr>
</table>

<table>
<tr><th colspan="2">加强学生参与的四个步骤</th></tr>
<tr><td>1. 建立学习共同体

教师做好规划，了解每个学生的需求、优势、兴趣和挑战。这促使教师建立积极的师生关系，以设计更有针对性的教学。增强归属感，通过学习共同体创建一个安全的学习环境，体现教师对每个学生个性的重视。</td><td>2. 管理好课堂

在确定程序、惯例和行为预期时，教师必须让学生拥有自主权，以最大限度地利用教学时间，创造参与机会。教师应该对所有学生抱有很高的学术和行为期望，并需要用积极反馈提供支持。</td></tr>
<tr><td>3. 组织灵活的分组开展协作

教师必须帮助学生掌握有效的沟通技能，设计在小组合作形式下主动学习的课。灵活分组的同时，也要考虑到学生多样展示、表达和参与的需求，以挖掘学生的兴趣并调动他们的学习热情。这些体验构成一个积极的、以学生为中心的课堂。</td><td>4. 开展提问和讨论

教师提出来自学生和教师的问题，以丰富学生的讨论，从而提供学生发展批判性思维的机会。关键在于为学生提供成功参与课程并理解学习内容所需的工具。</td></tr>
</table>

建立学习共同体

参与的基础在于，通过了解每个学生、培养积极的生生和师生关系，以及传授有效的沟通技能，以建立有安全感的学习环境。通过这些努力，教师可以了解每个学生的情况，以激发其兴趣，从而使学习环境满足学生的学业和行为需求。

师生关系

让学生真正了解你是非常重要的，你也可以策划一些活动来了解他们。让学生分享他们感兴趣的话题和课余活动，并将这些内容融入课程。为了把握学生的兴趣和需求，可以花一些时间了解他们在课堂之前的经历。教师要了解学生的需求，并根据这些需求制订参与学习的计划。了解学生还可以培养尊重和信任，但这种了解必须是持续的。一旦学习社区成功创建，将使学生乐意承担学习上的风险，并且不畏惧失败。

增进师生关系的活动

有不少观念和工具可以帮助建立一种尊重和信任他人的课堂文化。以下活动可以成为发展师生关系的跳板。

介绍自己

• 给学生写一封信。

• 制作“走近老师”的海报。

• 分享短视频或图片，介绍你自己，比如介绍自己的兴趣。

了解学生

• 让学生互相采访并将结果汇报给全班同学，了解学生的优势、兴趣、挑战、动力和目标。

三天三分钟

• 每周三天，每天三分钟了解一名学生。注意要询问一些与学校生活无关的话题。

生生关系

教师应采取措施预防行为问题，促进生生关系积极发展。协作学习侧重于引导学生在完成任务和报告时相互合作。教师必须明确教给他们一生受用的、可以帮助他们取得成功的人际交往和沟通技能。

参与度反思

如何建立、发展与学生的积极关系？

- 你是否可以在课堂中加入其他活动，对生生或师生关系产生积极影响？
- 你能在你班级的名册上列出每个学生的课外兴趣吗？
- 让学生说出与他们关系不错的一个老师并解释原因。

教师应了解，学生的学习速度不同，进入课堂时的准备也不尽相同。教师应尽量了解并满足所有学生的需求，包括残疾学生和英语语言学习者，他们可能需要特别设计的引导方能融入课堂。必须通过数据制订满足个别学习需求的教学计划，以此来解决这些具有差异性的问题。

管理好课堂

课堂管理为支持学生参与提供基本框架。培养行为预期以及构建步骤和惯例，将为成功的课堂体验做好准备。

培养行为预期

维持积极的学习环境是所有教师面临的最具挑战性和最有价值的任务之一。成效高的教师会建立行为预期，并确保对其进行说明、审查和持续强化。当学生了解行为预期时，他们就能够对自己的行为负责。学生自我评估将使学生能够通过持续的反思和目标设定来提高表现。

学生行为自我评估

让学生通过“总是、有时、从不”的量表就以下主题进行自我评分。

	总是	有时	从不
参与课堂讨论			
需要时寻求帮助			
在失败中吸取教训			
尊重他人			
听取他人的意见			
完成课堂任务			
在小组中乐于助人			
尽己所能快速遵从教师的引导参与互动			
尽最大的努力			

学生应该询问自己：我应当怎样更好地参与课堂？我应当怎样实现我的目标？

规划步骤和路径

计划好的程序可以将你的课堂创造成一个结构化的、易于成功的学习环境。步骤和惯例的明确指导将最大限度地延长教学时间，确保平稳过渡，并使课程受到的干扰降到最小。教师应该与学生一起创建、分析、排练和强化行为预期。有助于为积极的课堂体验定下基调的课堂程序包括但不限于：

- 开始上课的约定。
- 引起学生和老师注意的信号（最好采用非言语方式）。

- 课中走动。
- 班级活动之间的转换（例如，小组到大组）。
- 独立作业期望（例如，寻求帮助、噪音水平、座位选择）。
- 下课程序的约定。

创造空间环境

教师必须创造一个有利于互动学习的物理环境。布置环境时必须考虑物理布置、照明、距离、干扰和其他学生的需求，因为每个因素都会影响教学和学习。教师应创建一个能够反映课堂教学风格、课程要求和学生学习情况的物理环境，并注意满足不同学生的需求。

空间环境组件	
教室布局 书桌和设备的布置必须满足以下条件： ☑ 学生可轻松互动和参与教学 ☑ 方便师生活动和人员走动 ☑ 不同区域（如阅读角或写作中心）之间有明显界限	**墙壁和装饰** 教室装饰应提供： ☑ 展示学生作品的空间 ☑ 为班级创建的当前课程信息 ☑ 锚图作为视觉记忆线索
材料 所有的学习材料应是： ☑ 方便教师和学生使用 ☑ 有清晰的组织和标记 ☑ 有指定的空间供学生存储、提交或收集自己的作品。	**其他注意事项** ☑ 便于人员流动和进出 ☑ 电源插座 ☑ 不受干扰的区域（例如，高度活跃中心与安静的静坐学习区域分开） ☑ 学习站点安置 ☑ 优先或灵活座位 ☑ 教师可以被所有学生看到

参与度反思

你认为学生自我评估中包含哪些行为？

你如何明确教授相关的程序和常规？

有效开课可以如何提高课堂参与度？

开始上课示例

有效的开始有时被称为“立刻收心”或“铃声效应”。因为开课后的前12分钟是学生参与度最高的时间段，所以从与教学内容相关的任务开始上课，会让学生学习效果更好（Rollins, 2017）。

可视化。通过绘制图片或符号展示先前的知识并建立与本课的联系，让学生得以自由地将他们对给定主题的想法形象化。

快速商议。教师设置了一个计时器。学生在教室里走动，直到听到信号，接着他们用30秒与最近的人分享有关给定主题或概念的信息，再传达给另一个人。在活动结束时，所有学生在一起分享新的理解或顿悟时刻。

问题解决方案。根据需调查的主题或挑战领域向学生展示假设情况。当学生逐渐挖掘出批判性思维技能，包括如何应用和综合知识时，学生在讨论中的参与度很高。学生在解释多种观点并寻找直接证据以支持主张时，其沟通和解决问题的技能得以提升。

组织灵活的分组开展协作

教师组织学生协作以实现预期的学习成果时，学生的参与度会提高。沟通交流影响着各种人际关系，是团队协作发展的关键。因此，教师应教授学生人际交往的能力，让其在人生各个阶段都有能力与不同种族、性格、性别、文化或拥有不同技能的人交流、合作，并为自己的行为负起责任。学生则需要学习进行周全、有效的沟通所需的基本要素，从而提升自己参与小组协作的能力。

高效的沟通技能

沟通包含口头交流（如总结、阐述、头脑风暴、反思和分享看法等）和非言语交流（如眼神、姿态、表情及手势等）。成功的交流离不开强大的听说技能。

学生需要了解这些技能的方方面面，包括如何看、如何听、如何感受。为增进学生理解，在督促小组活动时，教师应持续给出反馈，详细讲授发言者和倾听者应有的举止表现。

发言举止	倾听举止
注意自己的肢体语言	保持眼神交流
询问听话人以确保意思表达明确，没有让人产生误解	阐述、总结或改述听到的信息
在讨论时做出清晰确切的表述	对其他成员的观点持开放全纳的态度

对学生保持合理的预期，认可他们在小组协作中所付出的努力和坚持，从而在其心中建立起归属感和价值感。通过角色扮演和分工负责的发言方式促进和扩展小组讨论，在你的期望取得成效前先教会学生如何协作。

表达观点	请求澄清
对我来说…… 我认为/我相信……	你说的……是什么意思？ 我对……有疑问

组员角色和分工

当被分配到具体的角色或有明确的分工时，学生的责任感会增强。小组内的角色有但不限于以下几类。

主持人：确保任务完成，保证每个组员都有发言机会。

记录员：记录组员发表的观点，撰写总结。

发言人/报告人：代表小组发言，并与全班同学分享小组活动的总结。

鼓励者：适时肯定和赞扬组员，增进小组合作积极性。

材料管理员：收集、分发、上交或处理小组内材料。

提问者：提出问题并邀请每个成员回答。

计时员：计时并提醒组员剩余时长。

检查员：确保每个组员都完成了自己的任务，检查书面作业。

分组结构

灵活分组的策略需要教师基于课程目标、学习结果和学生发展所需的互补性格进行分组。灵活分组是动态的——教师持续关注每组进展以取得更大的教学成效。

小组安排须考虑的因素

分组依据？（如：数据、兴趣、学习方式）	学生协作是否需要指导？（如：发言或倾听时应有的举止表现）
小组轮换的频率和时机？	什么活动能使学生参与到小组协作中去？
小组成组方式？（如：同类学生成组、不同类学生成组、随机成组、自行选择）	是否建立起了有效的班级日常管理程序以确保活动之间的过渡？
小组安排是否支持核心或附加的教学任务？	学生如何从分组学习中受益？
是否有符合不同学术水平的学习材料可用？	小组学习在什么情况下能够促进教学？
适合小组教学的空间是……？	小组角色安排是否符合当前活动需求？

参与度反思

在现有的课程安排中，为适合进行学生协作和灵活分组的部分加上星标。

- 是否采用了主动学习策略？
- 你能教授给学生的高效沟通技能有什么？
- 什么样的课堂表现可以证明学生参与度高？

开展提问和讨论

预先准备好支架型问题可以促进讨论，提高参与度。教师引导学生建立一个学习体系是非常重要的。在这个体系中，学生和教师提出的高质量问题，以及学生之间的讨论都是日常学习中必不可少的一部分。教会学生如何提出问题，他们便能对学习内容有更深刻的理解。

提问的方法可使学习效果显著：

促使学生思考	厘清对内容的理解	揭示错误的理解
深化理解	综合不同的角度	建立联系

培养学生提问和讨论的能力

等待时间 / 思考时间	提问墙	对事实提问	思维导图	提问骰子 / 提问球
学生处理信息的方式各不相同，故教师应考虑到要留给学生思考的时间。最好能在提出每个问题后特意暂停5~8秒。同样地，在给出答案后也做出如此停顿。这样可以留给学生足够的时间来思考问题，想出口头或书面的回答。	学生将不同主题的问题写在便利贴上，然后将它们贴在提问墙上自己指定的位置。运用该方法，教师可以进行便捷的教学评测，学生也可以随时提问。	在上课刚开始时，学生根据已知的事实提问。可以将这些问题分成不同类别，然后让学生给出可能的答案。在上课结束时，让学生评价自己之前的答案。	在记录单中央给出一个例子、主题或论题，让学生在小组内提出问题、画出标记或写出信息。教师给出记录纸轮换的信号，让大家可以阅览其他同学的思维导图。学生针对提出的问题给出自己的回答或想法，推动书面讨论的进行。	在大骰子或有分区的沙滩球上写出问句的形式，如“为什么……”“……是什么”“怎样……”“如何……”，让学生投掷并且提问。使用支架型的问句形式确保学生在各个认知层面上进行批判性思考。

将参与度作为教学评判内容

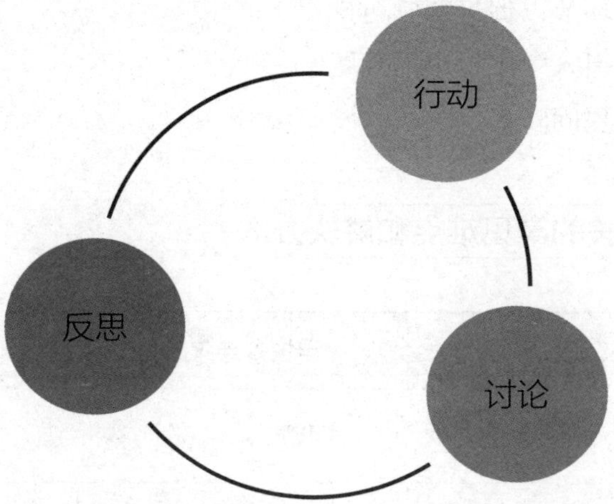

学生通过主动学习活动学习和反思材料，更深入地理解内容。主动学习的策略以学生为中心，通过行动、讨论和反思将学生联系起来。

教师应给予学生多种机会来对教学做出回应。学生的全程参与可以作为一项持续性的教学评测手段。教师还能够将其用于观测课堂所有学生的学习情况，有效提高学生的参与度。

在组织课程时，教师应牢记适宜的讲课时长。为提高学生的参与度，应将多数课时应用于讨论、提问和完成学习任务，而不是听讲！

年级水平	适宜的直导教学时长
幼儿园至二年级	5～8 分钟
三至五年级	8～12 分钟
六至八年级	12～15 分钟
九年级至高三	15～18 分钟

（Jensen，2005，p.37）

参与度反思

如何安排提问环节以促进课堂讨论?

如何在课程中引入学生提出的问题?

如何教会学生提问?

与学生参与度相关的常见难点和解决办法

学生心不在焉	学生参与欠缺	学生讨论低效
	问题	
总是漫不经心或在上课时扰乱其他同学。	总是只有几个学生举手分享上课所学知识。	在小组讨论时学生争论不休，无法欣然接受他人观点。
	解决方法	
采用灵活分组和主动学习的策略 ◇通过教师指定角色或学生自选的方式分配小组。轮换组员观察学生表现，进行适时鼓励，给出具体反馈。 ◇思考、记录、配对、分享、成组。为学生提出问题或提示，并提供思考时间。让学生结成搭档，互相分享自己的答案，然后和另一对学生一起组成四人小组，分享答案。 ◇一分钟写/画挑战。当教师提出问题或给出提示后，学生有一分钟时间写/画下针对该话题的回答/想法，而后分享。	◇与搭档分享的时间。在教师提问和给出思考时间后，给学生与搭档同学分享自己答案的机会。如此可以使更多学生得出答案，减少“没想好/不知道”的学生人数。 ◇运用多种回答问题的方式来使全员参与到课堂中，例如举手、互动式白板、便利贴等。 ◇融入电子化教学工具，让学生能够独立或以小组形式回答问题。	**运用课堂讨论规范** ◇轮流发言。学生先总结前一个同学的发言内容，确认其想法，而后发表自己的意见。 ◇依次发言讨论。每个学生都要分享自己的想法和意见。可计时，也可不限时长。 ◇无声讨论法。学生以四人为一组使用一张中心写着论题的记录纸。学生在纸的四角写下他们的想法，然后旋转纸张，评价或回应其他组员的想法。

学生参与度反思

通过反思表可以看出你是否为一个期望学生参与的学习环境打好了基础、提供了必要条件。

反思	证明
你是否营造出了利于创建积极师生关系的学习环境？	◇肢体语言 ◇互相尊重的沟通交流
教学空间中是否有用于学习的通道？	◇便于人员进出 ◇装修摆放 ◇墙壁/其他可见用具
程序/惯例是否发挥了应有的作用？	◇到校后的程序 ◇成功的开课 ◇吸引注意力的信号 ◇下课或者放学离校时的程序
你是否为提高学生参与度而安排了小组活动？	◇主动参与 ◇灵活分组 ◇多个机会做出回应

作者简介

苏珊·亨茨（Susan Hentz）是一名教师、作家、演讲者、教学教练和教育顾问，在相关领域拥有超过30年的经验。亨茨与全美范围内的教师、教学教练、教育工作者以及管理者合作，一同致力于提高学生参与度，提高学生学业成就。

米歇尔·瓦奇奥（Michelle Vacchio）是一名教师、讲师、阅读专家、教学教练和教育顾问，在相关领域拥有超过30年的经验。米歇尔致力于通过专业的训练提高学生参与度，帮助学生和老师取得更大成效。

参考文献

1. Hentz, S., & Vacchio, M. (2017). *A to Z two minute active learning tools: Practical strategies to engage all learners*. Sarasota, FL: Susan Hentz & Associates.
2. Jensen, E. (2005). *Teaching with the brain in mind* (2nd ed.). Alexandria, VA: ASCD.
3. Rollins, S. P. (2017). *Teaching in the fast lane: How to create active learning experiences*. Alexandria, VA: ASCD.

9 扶放有度教学

（GRADUAL RELEASE OF RESPONSIBILITY IN THE CLASSROOM, 2016）

[美] 道格拉斯 · 费希尔（Douglas Fisher）
南希 · 弗雷（Nancy Frey）著

徐佳燕[①] 译

4 个教学阶段

20 条建议和步骤

30 个案例

① 浙江大学教育学硕士，浙大城市学院附属学校教师。

四个阶段，四个有效的教学步骤

扶放有度（The Gradual Release of Responsibility，GRR）教学模式是一种强力且高效的教学范式。作为教师，你可以利用它来提升自己的教学技能，进而设计并实施更高效、更吸引学生的课。

扶放有度教学模式建立在学习是如何发生的基础上的。简而言之，我们习得新知或某项技能前，首先是通过观察或者倾听他人是如何操作的，然后自己进行训练——应用新知，操练新技能，直至将这些内化成我们自己的知识或技能。

扶放有度教学模式中的四个教学阶段对于任一年级水平的学生或任一学科领域都是行之有效的。你可以根据学生的学习进程适时调整这四个阶段的顺序。在课堂中，扶放有度教学模式使得你更有自主权，尤其是当学生需要帮助的时候，你可以更加有的放矢地为学生提供支持。

扶放有度教学框架

我来做示范，我来讲道理	我们一起来试一下	你们一起来试一下	请你独立表现
教师示证阶段是教师为学生介绍整堂课的学习目标与活动的具体要求，示范专家对某一内容的思考方式以及如何运用目标技能。教师示证促使学生为接下来的学习做好准备。	**教师辅导阶段**使学生沉浸在新知识和技能的习得中，教师通过提问、提示及提供线索，让学生倾听并改变自己错误的观点。教师辅导阶段为学生的学习提供了支持。	**同伴协作阶段**是在小组学习中进行的，在这一阶段中，学生应用新知识和新技能时，通过信息输入以及同伴支持来加深自己的理解。同伴协作阶段同样需要学生将自己的软技能，如沟通能力、领导能力、协商能力发挥到极致。	**独立表现阶段**帮助学生提高对所学内容的掌握程度，复习所学知识与技能，并将之应用到课堂内外的新情境中。在独立表现阶段，学生真正做到将所学知识和技能内化为自己的本领。

不符合扶放有度模式	符合扶放有度模式
照本宣科，按部就班地实施。	根据学生的学习情况灵活调整四个阶段。
严格按照四个阶段逐一线性展开。	四个阶段可循环反复，甚至有时还能交叉实施，只要是按照合理的顺序进行即可。
一节课中只实施了个别阶段。	每一节课都完整呈现四个阶段。
平均分配四个阶段的教学时间。	基于学生的学习需要分配教学时间。

研究基础

班杜拉（Bandura, 1965, 1977）在社会认知理论中对注意、保持、再现与动机这四个过程的研究。

皮亚杰（Piaget, 1952）对认知结构和图式的研究。

维果茨基（Vygotsky, 1962）对最近发展区的研究。

皮尔森、加拉赫（Pearson & Gallagher, 1983）对通过扶放有度教学模式的理论建构来描述阅读理解能力发展的研究。

伍德、布鲁纳、罗斯（Wood, Bruner, Ross, 1976）对支架式教学的研究。

一种行之有效的教学结构

> 逐渐转移学生的认知负荷，使他们成为一个自主学习者。
>
> （Fisher & Frey, 2014，p.3）

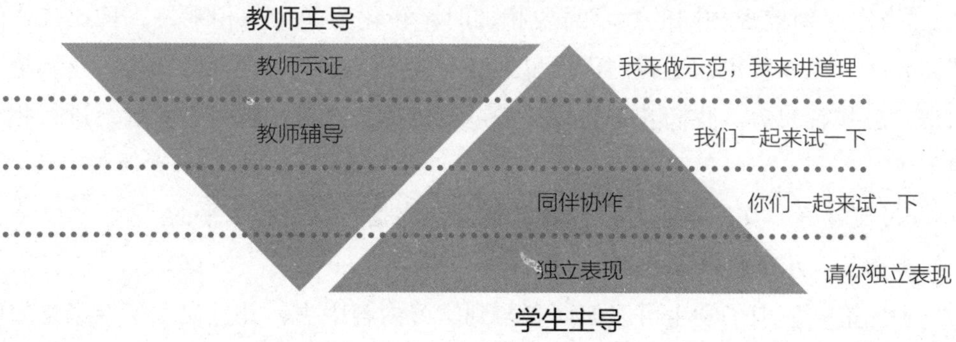

教师示证：我来做示范，我来讲道理

教师对于学生的学习负有首要责任。

在教师示证阶段，教师作为主导者，所提出的学习目标应该是清晰且有意义的，并选择合适的教学方式来呈现内容，以及与学生进行关联。根据教学需求，教师示证阶段可以发生在课堂的任何一个时刻，当然也可以在同一课堂中发生多次。

步骤一：明确和交流学习目标

首先得让学生明确自己将要学习的内容，以及如何应用新知。这也就意味着需要明确和分享清晰的学习目标。

学习目标案例

“这真是一堂令人兴奋的数学课啊，因为我们终于要开始学习两位数的乘法了！这些问题可能一开始看起来有点难，但如果你知道如何做一位数的乘法，那么很快就能学会两位数的乘法了。而且在我们的生活中，很多需要解决的问题都是两位或多位数相乘的问题。”

“今天，我们一直专注于在写作中实现有效的过渡，让读者徜徉在文章中，不迷失主线。我们关注的重点是‘信号词’（signal words）的使用。现在让我们停下来再复习一下这些词，并说一说它们是怎样为读者提供引导的。”

步骤二：陈述相关性

保证学生了解这堂课与其他知识、技能的相关性很有必要，因为它事关学习动机和学习参与度。使用明确的相关性陈述来阐明为什么本节课技能与概念很重要。

相关性陈述案例

“当你遇到较多相同的数字需要相加时，转化为两个数相乘是一种比较快的计算方法。比如我想知道我们班级里到底有多少支蜡笔，现在已知每一盒蜡笔有12支，总共有32盒。我们若是将12×32进行计算，这可比将每一盒蜡笔进行相加快多了。”

“过渡越好，文章就越好，作者就会被认为是专业、有水平的。”

步骤三：示证任务及出声思考

示证策略呈现了学生可以如何参与到学习内容中去，并且说明了专家是如何思考学习内容，以及如何应用想法、策略和技能的。在示证时要出声思考，将学生带入决策的过程。

透视课堂：真实情境中的示证

课堂背景：华莱士老师（Mr.Wallace）的八年级数学课堂。

学习目标：能解决含有指数变量的数学问题。

学习任务：已知$2^{x+3}=4^{2x}$，求解x。

教师示证：华莱士老师将这道题目呈现在白板上，开始讲解："我看到这个等式中，底数分别为2和4，它们是不相等的。如果我可以把它们的底数换算成一致，那我们就可以知道左右两边的指数是相等的。但是问题来了，我怎么才能够让底数相等呢？接下来，我将试一试分解因数。左边的因数我是无能为力了，但是右边的还可以继续分解。根据分解因数的方法，我可以把4分解成2和2相乘的形式，但我必须要确保这个分配是正确的。如果我没有在这个变量旁边加上括号，我可能就会混淆这些变量了。现在我通过分解因数，已经把底数换算成相等的，下一步我就要重新书写指数中的等式了：$x+3=4x$。现在我只要移项合并同类项进行计算就可以了，得出答案为1。但这还没有结束，我还要检查一下答案是否正确，把它代入原式进行验算，现在我们就来验算一下……"

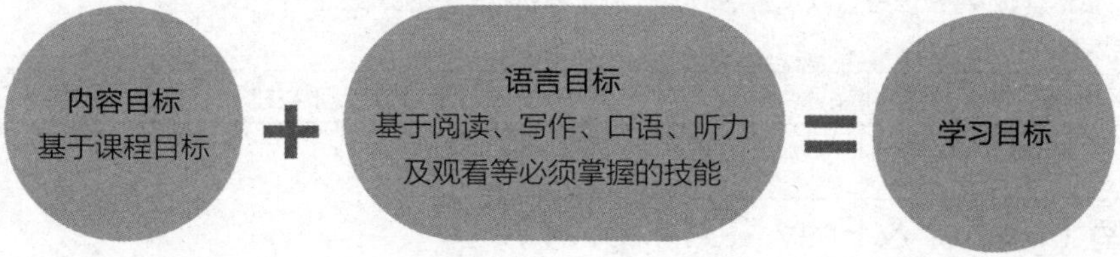

示证策略和出声思考的小建议

为策略、技能或任务命名。

阐述策略、技能或任务的目标。

使用第一人称"我"。

向学生演示技能、策略或任务是如何被使用、完成的。

与过去的学习建立起联系。

提醒学生容易犯错的地方，从而避免错误。

向学生示范如何做检查。

教师辅导：我们一起来试一下

教师和学生共同作为学习的主导者。

在教师辅导阶段，学生沉浸在新的技能、策略和理解中。在这一阶段，你设计了相应的任务，让他们参与进来，并且时时监控进度——寻找他们可能会理解错误或是理解存在偏差之处，并且随时随地根据需求，通过提问与提示、提供线索，以及直接解释为他们提供指导。如果教师辅导阶段做得好的话，学生会觉得有人支持，老师也会觉得有意义。

辅导阶段中教师该做的事情和不该做的事情

当你发现学生出现理解错误或是理解存在偏差时	如果一个提示还不足以让学生回到正轨
——请提醒学生参与到认知或元认知的学习中，并且回忆他们所具有的背景信息，以及上课时老师所教的流程或者规则。	——可以通过提供线索来转移学生的注意力，尤其是那些被遗忘或忽略的信息。
——千万别急着去纠正学生的错误。	——万万不可直接向学生提供他们所遗漏的信息。

提示指南（Fisher & Frey, 2014, p.44）

提示的不同类型

提示的类型	流程	示例
背景知识的提示	引导学生回忆已经掌握、学习或经历过，但又被暂时遗忘或误用的内容。	◇当一个学生尝试着去解决一个直角三角形问题时，说：“我得想想三角形内角加起来总共多少度。” ◇在科学课水循环的那个单元里，问：“你还记得物体有哪些状态吗？”

续表

提示的类型	流程	示例
过程或流程的提示	提醒学生那些已经被遗忘或是未被很好利用，但已经建立起来或是被普遍认同的规则或要求。	◇当某个学生把一个单词的发音读错了的时候，说："当这两个元音混淆了……" ◇当学生没有按照操作顺序而得到一个错误的答案时，说："我正在思考一种记忆方式，这样就可以更容易记住这个操作顺序了。"
引发学生反思的提示	是对学生进行元认知或是思考下一步目标及问题解决方案的一种提醒。	◇当一个学生刚读错一些内容时，说："这样的话语有意义吗？你得好好想想。" ◇当一个学生的文章没有按照写作要求去紧扣论点，问："我们今天学习了什么？我们的目标是什么？"
启发式提示	要求学生有创意地解决问题——独立思考，别出心裁。	◇当数学课上某个学生没有得出正确的答案，说："也许绘制一个可视化图或表能帮助你解答这道难题。" ◇当某个学生卡住了不知道接下来要写什么内容的时候，说："作家会有很多不同的方式帮助自己走出困境。他们有的将脑海中出现的一切内容都记录下来，有的去创造一个视觉体验，有的主动去跟读者交流，还有的会选择休息或是出去散会步。这些做法能帮助到你吗？"

提供线索指南（Fisher & Frey, 2014, p.45）

线索的不同类型

线索的类型	定义	示例
视觉线索	用一系列的图表线索来引发学生进一步的思考或理解。	◇在教材中标注出学生已犯过错的内容。 ◇绘制组织结构图来形象化地呈现内容。 ◇让学生再看一看教材中的可视化图表。
口头线索	通过语言的变化来引起学生对某些特定内容的注意或使用口头警示语来引起学生的注意。	◇给出提示，"这是很重要的……"或"你想要做的……是很棘手的部分"。 ◇用提问的语调重复学生的陈述。 ◇通过调节音量或语速来强调。
手势线索	通过身体的运动或移动来引起学生对已遗漏要点的关注。	◇当学生正在寻找正确的词或进行单词拼写时，用手指向词汇墙。 ◇做一个预先约定的手势，比如在阅读时用来表示总结或预测的重要性。 ◇若学生遗漏了要点，用手指在教材中指出他没有关注到的内容。

续表

线索的类型	定义	示例
环境线索	有效利用课堂情境或是环境中的实物来帮助学生理解。	◇保留教学环境中的资料（海报、词汇墙、图表），以便他们可以在后续学习中做参考。 ◇使用代数块或是其他虚拟教具。 ◇通过移动物体或是让学生走动来改变观察的方向或视角，进而引发新的思考方向。

同伴协作：你们一起来试一下

学生对于自己的学习承担主要责任，并且可以支持同伴的学习。

在同伴协作阶段，学生通过同伴互动，使用学科专业术语，运用和交谈他们所学习的技能，进而达到巩固所学的目的。在这一阶段，教师的角色主要是设计一系列具有挑战性的任务，以此来暴露学生片面的理解和错误的认识，并且让他们知道自己真正掌握了哪些内容。

同伴协作活动的小建议

与小组成员一起合作，设计一张海报，区分各种具体的提示。组内的每个成员都代表了一种颜色，并且要在海报的背面签字。这可以确保每个学生都对完成海报有贡献，并且对海报上的信息负有责任。

与同伴分享你所记录的内容。同伴之间相互倾听，并基于班级内确定的表单给予反馈。

读书小组的成员一同交流已阅读的章节。成员们利用准备好的阅读指南，在小组交流中担当特定的不同角色。

以小组为单位形成基于文本的问题。每一小组都将和班级其他同学分享组内的问题清单，进而引起整个班级范围内更加激烈的讨论。

基于四角的主题讨论。每个学生按照自己的观点走到相对应的角落（在教室的四个角落里贴上很大的标记：完全同意、同意、不同意及强烈反对），他们在所选的角落共同讨论并寻找支持他们观点的证据。

更好开展同伴协作的秘诀（Fisher, Frey, & Rothenberg, 2008, p.99）

为学生提供直导教学，帮助他们能够更好地参与同伴协作，并且在教室里张贴示范说法。

协作谈话的技能	示范说法
多问问其他人的想法。	◇方便告诉我更多吗？ ◇你可以再和我分享一个例子吗？这样我可以更好地理解。
当某些观点听起来不是很正确时，去找证据来验证一下。	◇我还不能确定这是否正确，为什么你觉得对呢？可以告诉我理由吗？ ◇书上哪一处的观点能够验证呢？你可以指出来给我看看吗？
陈述时要提供准确的论据。	◇我这么说是基于教材第55页的内容，文中作者是这样说的：“……” ◇×××曾说过……，这使得我认为……是对的。
引用他人的观点。	◇我同意×××关于……的想法，因为…… ◇×××的想法提醒了我。

透视课堂：同伴协作中的教师辅导

课堂背景：洛佩兹老师（Ms.Lopez）的生物课。

学习目标：巩固对于生物学分类的认知，并且练习运用新学的专业术语。

同伴协作任务：基于已学习的分类目录（如自养型生物和异养型生物，生产者和分解者），学生们以小组为单位收集一系列生物。他们一起讨论各个类别的术语，并记录下当时的想法和理解。洛佩兹老师穿梭于各个小组，检查他们对术语的认识是否正确和到位。当她注意到有一个小组将草、向日葵和小鼠归为自养型生物类别时，她就询问这一组成员如此分类的依据，克里斯托弗（Christopher）回答："因为它们都属于食草型，都是以植物为生，而非依赖于动物。"洛佩兹老师觉得是时候给予他们额外的辅导了。

教师辅导教学：洛佩兹老师首先询问他们："你们是怎么定义自养型生物的，可以和我说说吗？"学生们对自养型生物的定义说得都特别对。"那么草符合自养型生物的定义吗？"洛佩兹老师问道。"符合。"布兰登（Brandon）回答道，"草是通过阳光和二氧化碳自己制造养料的。"洛佩兹老师转而指向向日葵的图片："那么这个呢？也是自养型生物吗？""是的，她和草是一样的。"坦尼娅（Tanya）回答道，"它也是利用光合作用来制造养料的。"娜塔莉（Natalie）突然坐得端正："等等，我们错了。小鼠无法自己制造养料。它和草、向日葵一样，属于食草型的，但是属于异养型生物，而非自养型生物。它得吃草和谷物。"

独立表现：请你独立表现

学生在这一阶段对于学习、应用新技能和知识起着主导作用，以期拓展、加深、强化对知识和技能的理解与掌握。

在独立学习阶段，学生运用他们课上所学的知识和技能来解决问题，产生更多关于周围世界的新问题。独立学习往往会涉及在真实情境下完成任务或产生新成果。对于所学知识的应用也往往需要刻意练习，这既要给予学生练习的时间，也要给予他们单独思考的时间。

透视课堂：独立学习阶段的实践

课堂背景：圣地亚哥老师（Ms.Santiago）的历史课。

学习目标：描述独裁者是如何夺得政权且维持政权的。

学习任务：一个书写提示："我们已经研究了历史上的几位独裁者。他们有什么共同点？你注意到他们夺取政权后的变化趋势吗？你关注到他们有哪些保持强权的方式呢？"

独立学习：学生步入教室时，往往会瞥一眼黑板，他们知道每日写作提示将会张贴在黑板上。当他们在座位上坐定之后，打开笔记本，开始了5分钟的书写训练。圣地亚哥老师在教室里巡视，俯身观察他们所写的内容。她对学生回忆旧知的能力，以及他们对新旧知识关联性的记忆策略很感兴趣。当计时器铃声响起时，圣地亚哥老师要求学生互相校对答案，并且检查同桌是否遗漏了什么信息。

哪些属于独立学习？	哪些不属于独立学习？
一种应用过程性知识的方式（呈现如何进行）。	一种复制陈述性知识的方式（呈现是什么）。
以学生为主导，但由老师进行监督。	"自己动手"学习。
一种推进学生深度学习的方式。	一种检查学生所学的内容与教师所教内容匹配程度的方式。

设计独立学习阶段任务的小建议

提升熟练度。聚焦于一种或两种技能，给予学生多次练习的机会。比如，要求学生在家自主阅读，进行数学题目的运算，认读常见字。

不同情境下应用新知。要求学生通过回忆之前所学的知识来解答新的问题，应用一项技能来解决问题，或者在新情境中应用一种规则及原理。比如，设计一个任务让学生应用所学的美国西进运动相关知识来解释"穿越美国"的意思。

螺旋式复习。让学生多次使用先前所学的知识或技能，进而把相关概念与当前学习联系起来。比如，设计一个任务让学生在新的研究报告中正确地找出引用出处。

差异教学+扶放有度的支架式教学框架

如果你想满足课堂中不同学生的需求，这里为你呈现了扶放有度的支架式教学框架融入差异教学的操作指南。

阶段	差异教学	示例
教师示证	对学生而言，示证策略、技能的方式和你所举的例子，都在为他们深入思考提供支架和灵感。	◇对于学习保持持续的期待，并将学习目标定位于年级水平的期望值上。 ◇通过示范及出声思考为学生提供达成期望值的可能路径。
教师辅导	你所提供的个性化提示及线索保证了学生在认知任务中占有主导地位，而你在这一阶段只是提供了支持。	◇根据学生对于提问的不同回答进行分层。 ◇基于学生对于内容知识的理解以及想法表达，为他们提供提示和线索。
同伴协作	由你来组织任务并提供额外的支持，确保所有的学生都可以获得学习和充分参与的机会。	◇为同伴协作学习小组的学生安排特定的角色。 ◇小组内各人的期望值或所承担的责任要有差异性。 ◇基于学生的需求提供多种语言支持或视觉支持。 ◇分组时要保证有效的同伴支持。
独立学习	你的任务必须要基于目标，且复杂程度相当，不过在完成的过程中要能够灵活操作。对于非关键层面可提供支架。	◇允许学生以合适的方式展示其掌握程度，如绘画、插图、演讲、写作等方式。 ◇要求学生对某一主题展开调查，并尽可能围绕这个内容充分展开写作，争取更大的进步。

结束语：提升教学的秘诀，尽善尽美

教师起着重要的作用。专家型教师的教学是影响学生成绩的重要因素。高效教师所创造的学习条件可以帮助学生快速成长。而扶放有度支架式教学框架具有灵活可操作的模板，可以帮助你成为一位高效教师。

扶放有度模式的作用

帮助教师有目的和意图地设计课堂教学。

阐明学习目的和示范如何掌握相关技能。

使学生专注于相关联的任务。

对学生理解错误或是理解存在偏差之处提供认知、元认知提示和线索。

提供一系列的任务，使得学生能够与同伴一起巩固所学。

给予学生相互协作或独自展示他们对知识的掌握和理解的机会。

作者简介

道格拉斯·费希尔（Douglas Fisher）是圣地亚哥州立大学的教育领导教授，同时在圣地亚哥健康职业学校（Health Sciences High & Middle College）当教师。

南希·弗雷（Nancy Frey）是圣地亚哥州立大学的教育领导教授，同时在圣地亚哥健康职业学校（Health Sciences High & Middle College）担任一名教师领导。

参考文献

1. Bandura, A. (1965). Influence of models' reinforcement contingencies on the acquisition of imitative responses. *Journal of Personality and Social Psychology, 1,* 589–595.

2. Bandura, A. (1977). *Social learning theory*. Englewood Cliffs, NJ: Prentice-Hall.

3. Fisher, D., Frey, N., & Rothenberg, C. (2008). *Content-area conversations: How to plan discussion-based lessons for diverse language learners*. Alexandria, VA: ASCD.

4. Fisher, D., & Frey, N. (2014). *Better learning through structured teaching: A framework for the gradual release of responsibility* (2nd ed.). Alexandria, VA: ASCD.

5. Pearson, P. D., & Gallagher, G. (1983). The gradual release of responsibility model of instruction. *Contemporary Educational Psychology, 8,* 112–123.

6. Piaget, J. (1952). *The Origins of intelligence in Children*. Norton.

7. Vygotsky, L. S. (1962). *Thought and language.* MIT Press.

8. Wood, D. J., Bruner, J. S., & Ross, G. (1976). The role of tutoring in problem solving. *Journal of Child Psychiatry and Psychology, 17* (2), 89–100.

10 精准课堂

（INCREASING RIGOR IN THE CLASSROOM, 2019）

[美]芭芭拉·R. 布莱克本（Barbara R. Blackburn）著

丁 旭[1] 译

3 个精准课堂的组成要素

7 个支持精准教学的策略

9 个建议和步骤

---

① 浙江大学教育博士，浙大宁波理工学院副教授。

什么是精准课堂?

精准课堂就是创造一个环境，使每个学生都能够高水平地开展学习、获得支持，进而高水平展示所学内容（Blackburn, 2018）。

精准课堂之谬误（Blackburn, 2019, p.4）

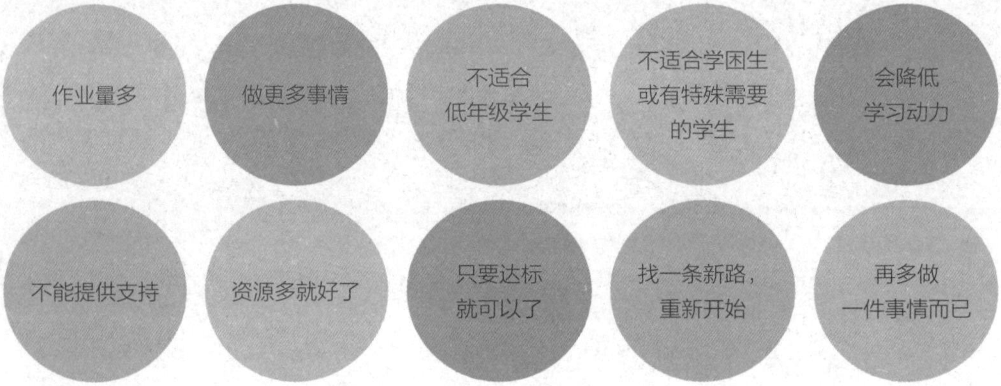

精准课堂的三个组成要素（Blackburn, 2018）

期望学生开展高水平学习

精准课堂的第一个组成要素就是创造一个让每个学生都有望进行高水平学习的环境。教师首先要对学生抱有高期望，要认识到所有学生都具有在个人能力上取得成功的潜能。

有一个方法能够帮助教师对学生提出更高的期望，那就是要对学生提出复杂的、高水平的问题，并且注意如何针对学生的回答做出反应。在精准课堂中，教师要提出拓展性的问题，这些问题能够鼓励学生解释自己的理由，并促使学生反思。当学生无法做出快速的回答，但已经具备充分的背景信息来回答问题时，教师就应继续引导学生思考，指导学生回答问题，而不要轻易放弃，让另一个学生来回答。

支持学生开展高水平学习

虽然赋予高期望很重要，但精准课堂还要确保所有学生都能得到支持，这样他们才能高水平地开展学习，这是精准课堂的第二组成要素。重要的是，教师设计的课程要能使学生接触到有挑战性的任务，且教师要提供持续的脚手架，以便支持学生开展高水平的学习。

上课时持续提供一些附加的脚手架也是支持学生学习的重要方式之一。通常情况下，学生是有能力或相应知识来完成一项任务的，但有时面对复杂的任务他们会表现得不知所措，因而在整个过程中迷失方向。这就要求教师在课堂上进行每一个步骤时都要问问自己："我的学生需要什么额外的支持吗？"

确保学生展示高水平学习

精准课堂的第三个组成要素是为每个学生提供展示高水平学习结果的机会。对于这一点，有两个方面需要考虑。首先，每个学生都要展示所学。当你引出一个讨论，提出一个问题，并指定一个学生做出回应时，只有一个学生展示自己的理解。在一个精准课堂中，无论是通过2人配对分享（pair-shares）、小组讨论（small-group discussions）、应答卡（response cards）、应答器（clickers）、短信（text messages）、留言条（exit slips）、项目（projects）分享，还是其他的一些形式，所有的学生都能够展示自己所学的知识。

此外，学生需要展示精准课堂标准下的学习。在这种标准下，学生要以深刻而复杂的方式表现出他们的理解。不只是针对某些学生，而是所有学生。

精准课堂环境的四个特征

培养学生内在学习动力。

关注学生已学知识。

塑造安全氛围，鼓励挑战。

除了成绩外，也认可过程。

四个精准课堂教学策略（Blackburn, 2018）

精准掌握词汇

首先，让我们看一看精准掌握词汇的方法。通常，教师要求学生展示自己对一个概念或一个词的理解时，可以让他们用自己的话来复述这个定义，或者把这个词运用在一个句子中。通常在这种情况下，学生只是简单地记住这个定义直到完成了活动或应付了测试，而不是真正地理解这个概念或词。

为了精准掌握词汇，教师可以要求学生写一个关于概念或词语的谜语。除了知道这个概念或词语是什么意思之外，学生还必须把这些信息转化为线索，以便其他学生能够猜出答案。比如：

物价上涨。

你的钱包变薄。

你花平时两倍的钱来准备家庭晚餐。

答案：通货膨胀。

用问题引入教学

通常情况下，教师开始上课时，会告诉学生这一天要学什么。我们以为学生并不了解相关信息，于是就由教师来直接告诉学生了，但这就不是精准课堂了。我们可以改变这一点，教师的导入可以用问题的形式或是用一种简单的发现探索方式。比如，运用“三人探宝”这种游戏导入，即教师给学生提供三个例子，让各小组猜猜他今天要教什么。而不是教师直接跟学生说“我今天要教负整数”。教师可以这样表达：“注意，我在屏幕上展示了三个数字（–5、–14、–25）。它们有什么共同之处?”教室里可能至少会有一个学生知道答案，这样教师就可以在后续课程中使用这些信息。

一旦学生熟悉了“三人探宝”这个游戏，教师就可以通过“遮眼游戏”（Red herring game）来提高精准度。在这个游戏中，教师可以提供四个例子。学生必须找出与众不同的一项，并证明他们的答案是正确的。例如：“下面哪个词语与其他词语不同类：佐治亚州、佛罗里达州、加利福尼亚州、亚利桑那州?”答案是亚利桑那州，因为这个州没有海岸线。以此，教师可以引导学生对美国各州进行探讨。

当学生熟悉了这两种游戏，教师就可以把提问权转到学生身上。由学生举出这样的例子，其他的同学来猜出答案。

鼓励深入研究

曾任数学教师的查德·马奎尔（Chad Maguire）要求学生研究和描写一位著名的数学家。作为一种激励，学生可以根据自己和这位数学家具有共同点的数量来获得奖励积分，这样能够鼓励学生的探究不局限于数学的基本知识。如果作为教师，你不喜欢使用额外的学分激励学生，只需将这样的深入研究归入标准作业。

还有一种有助于进行深入研究的研究方式名为RAFT，是英语单词角色（Role）、观众（Audience）、形式（Format）和主题（Topic）首字母的组合（Santa, Havens, & Macumber, 1996）。如果教师要求学生研究美国黑人民权运动，就可以转移关注点，不是简单地让学生研究相关内容写一篇论文，而是要求学生扮演一位脱口秀节目主持人，以美国黑人民权运动为主题，在演播室向观众做脱口秀表演。节目的嘉宾可以包括：受黑人民权运动影响的个人，以及那些与运动中具体事件有关联的人（如运动领袖联系人）。嘉宾团的研究形式是小组讨论，即要求相关学生写出需要采用的问题和答案。这就要求学生研究关键信息，而且同时也要融入一些超出文本范畴的真实生活信息。

运用问题化学习模式

我最近观察了使用问题化学习模式的一堂幼儿园的课，学生正在学习各种颜色。一个学生问："还有其他我们不知道的颜色吗?"老师很好地利用这个问题，让学生与同伴合作创造出新的色彩。学生在如何确定并向其他同学解释这种颜色，以及如何展示新颜色这些方面具有完全的灵活性。正如一个学生对我说："回答我们自己的问题真是太棒了！"

某学校旁边发生了一起交通事故。学生为了预防事故的再次发生，共同合作为司机制订了一项安全计划。他们除了制作有关安全信息的宣传册和短视频外，学生小组还与当地决策者会面，提倡在交叉路口设置交通信号灯，这些举措使得该地区更加安全。

在读完盖尔·吉本斯（Gail Gibbons）的《月球探秘》（*The Moon Book*）后，小学生会问这样的问题："去月球需要多长时间?"教师可以首先要求他们分组决定使用哪一种交通工具，如火箭或光束；接着请他们对旅行所需的时间进行研究，并列出所需物资清单；最后请他们描述这段旅程。一些学生写成了一本书，另一些学生制作了一段简单的视频，但这些都结合了各种信息和学生的创造力来展示他们在这方面的学习收获。

支持精准教学的信念（Blackburn, 2019, p.7）

精准教学是一个积极概念，它能够了解学生在学习过程中所处的水平，并帮助他们开展高水平学习。

能够给予每个学生开展高水平学习的机会。

如果对学生抱有高期望并给予他们合适的鼓励和支持，学生就会更容易成功。

精准看似因人而异，但所有学生都能掌握复杂的高阶技能和重要概念。

当学生开始从事更精准的学习活动时，需要的支持程度也发生了变化。

营造能够提高学生积极性、自主性、激励性和成长心态的课堂环境至关重要。

确保精准教学的三个脚手架

激活策略性知识

学生一般具有两种类型的先前知识：内容性知识和策略性知识。我们通常注重激活学生先前的内容性知识，而常常忽略策略性知识。一旦学生并不理解他们应该用什么样的策略来学习，就会导致他们无法真正专注于内容性知识。我们需要帮助学生优化他们的策略性知识以促使他们更精准地学习。

让我们来看一个使用策略性知识的常见例子：记笔记。让学生记笔记，大多数情况下，学生要么就是记下他们一切的所见所闻，要么就是什么都不写。不幸的是，这两种方式都无法产生积极的效果。

如今，我们经常使用幻灯片等方式把教学要点投射在屏幕上，但学生只是把幻灯片上的内容抄下来。这不是记笔记，这是复制。因此，教给学生记笔记的策略是非常重要的。虽然这可能要花些时间，但对之后的学习会很有助益。这里推荐一个十步笔记法。

1. 探讨记笔记的重要性。
2. 指出记笔记就是选择性地写下一些内容。
3. 接下来，用一张幻灯片来展示文本的一个部分。
4. 示范怎样选出要写下的3～5个关键词或词组。
5. 展示如何在不看屏幕时记录附加的笔记或者解释。
6. 要求学生在学习下一张幻灯片时记笔记。
7. 如需要，提供额外的示范与指导性实践。
8. 要求学生在一堂课中练习记笔记。
9. 根据笔记的质量给予反馈。
10. 最后，在全年的学习中，如需要，实时提醒学生记笔记的恰当方式。

应用具体的、表象的、抽象的概念

另一个对于数学教学特别有用的方法就是让学生先学习具体层面的概念，再学习表象的概念，最后是抽象概念。许多老师在教“位值”概念时使用这种技巧。学生从位值（Place Value）概念开始学起，然后他们用图画的方法画出数位图，接着可以逐步地解决关于位值概念的抽象问题。

我发现尽管这种策略最初是为数学课堂设计的，但它也同样适用于其他的学科领域。比如，一张组织图是具象的，但能够指引学生表达抽象思维。在科学课堂中，学生通过观察冰、水和水蒸气的不同特点来学习物质状态的变化。之后他们还可以使用一根蜡烛，看到固体蜡烛、蜡的融化及其通过灯芯燃烧发生变化的现象。最后他们通过自己举出更多例子把这些概念转化到抽象的层面。

分层意义

为帮助那些无法阅读年级水平文本的学生，可以使用分层意义策略。如果学生无法阅读年级水平的或是已布置的文本材料，就另找一篇以相对简单结构或语言写成的同主题文本材料。学生先读这篇选文，以积累该主题相关的词汇和知识。不过不能让学生止步于这篇较简单的文本，而要让他们回到那篇年级水平的文本。接着，学生就能够在你的帮助下去阅读更复杂的文本。这是一种促进精准教学的策略，因为学生能够逐渐超越较简单的文本。

精准评估的三个特点

1. 依照教学的标准、目标、目的，在更高的理解层次上进行评估，而不是在最低的理解层次上。

2. 批判性、分析性思维贯穿整个评估过程。

3. 需要深度理解而非记忆。

精准评估：不是这样，而是……

布置符合学业标准的作业并使其达到更加精准的效果是有多种方法的。下面表格列举了一些不同精准程度的评估案例。

年级	不是这样	而是……
小学低年级	学生解答一道数学应用题，并讲解他们的答案。	老师给出一道数学应用题，并附上两种解题方法（包括图表）。学生判断哪一种是不正确的，并解释原因。再要求学生做一些同系列的应用题，如果他们做错了，要求学生解释原因并予以改正。通过识别和解释错误的理解可以训练学生批判性思考的技能。 学生可以组成两人一组或进行小组合作，教师根据学生需求慎重给出题目的数量。
小学高年级	学生选择其他同学创作的一幅画作。首先，他们描述画作的长宽，然后根据课堂所学阐述自己认为应该如何修改。最后，学生将同学的画和他们自己的画进行比较。	学生穿过一条绘画作品长廊，这些图画由全班同学创作而成。每个学生选择一幅作品并写一则简短的评论。这则评论必须包含学生对作品的看法、基于教师上课所授和学生个人经验对所持观点的支持理据，以及对作品的改善建议。
中学	使用至少两个关于灾难的信息来源，要求学生描述三种灾难事件类型，包括事件的可能致因和灾难发生后的结果。然后，他们生成一个关于相关信息的即时或基于技术的展示。	利用学生关于过去的灾难事件对地球自身和地球上生命造成影响的已有知识，如地震、火山爆发、气候破坏以及小行星撞击等，要求学生预测下一个可能发生的灾难事件，并且使用除课文知识以外的至少三个信息来支撑这一预测。另外，要求学生解释这个灾难事件会对受灾地区造成怎样的影响。要求学生现场即时或基于技术进行展示来分享信息。
高中	《雾都孤儿》的主题是什么？学生使用文本中的细节来支持他们的选择，同时描述一下其他有着相似主题的文本。	《雾都孤儿》的主题是什么？学生使用文本中的细节来支持他们的选择并描述其他有着相似主题的文本。《雾都孤儿》写于150多年前，要求学生思考当今社会，讲讲这些主题如何适用于当下。最后，要求他们讲解这个答案，将文本中的细节和有关当前形势的具体信息联系起来。

提高传统评估精准性的三条建议（Blackburn, 2017）

在**配对题型**的测试中，确保列出的每一项都有一个最优选项。确保学生知道为什么这样配对，有明确的理据表明学生理解其中的联系。另外，列举更多的初始配对题型之外的例子。比如，如果你有一串词汇术语及定义，增加一到两个额外定义来增加精准性及减小猜对概率。使用一张三列列表而非两列列表（比如，名人、发明和发明的当今应用），需要学生展示更充分的理解。学生还可以自主构建列表的第四列，确定一个不同的类别及提供合适的选项。

为了创建有效的**判断正误题**，避免关于细枝末节的陈述并关注核心教学内容是很重要的。陈述的语句需要足够详细，使学生能够通读，而不是让学生仅仅扫一眼就能快速做出决定。要求学生把错误选项重写为正确语句，这就要求学生展示自己是否真正理解了内容。

对于**多项选择题**，要注意应该怎么提问，不要在多项答案选项中重复出现题目提出的问题。另外，在问题中避免出现回答的线索也很重要。如果问题的答案中有“包含以上所有选项”“包含以上部分选项”（如：A和C）及“一个也不选”，就能够增加题目的精准性，因为学生不得不根据所给选项进行多项选择。

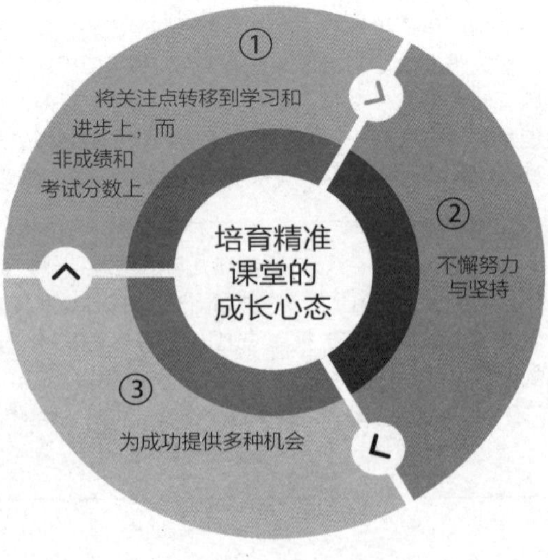

提高评估精准性的三个步骤

这些活动可以在专业学习社区或全体教师中以单独或合作的方式来完成。

1. 应用韦伯的知识深度模型或布卢姆教育目标分类框架，以帮助教师确定什么是精准任务或精准评估（独立学习或小组合作，如年级组或系部），确保教师深入理解精准课堂指标的真正内涵。

2. 选择一种评估形式，比如，教师经常在课堂中开展的小测验、项目或活页练习。使用框架指标来评估教师评价，判断这样做是否是精准的。

3. 决定做好必要的修改。教师使用修订后的评估，反思其有效性和对评估或教学需要做出的调整，以更好地为学生开展评估。

提高课堂精准性的三个步骤

这些活动可以在专业学习社区或全体教师中以单独或合作的方式来完成。

1. 回顾精准课堂的总体信息。可以使用快速参考指南或者《精准课堂新手指南》（*The Beginner's Guide to Rigor*）。

2. 描述学生和老师在精准课堂上都应该做些什么。编制一份主要指标清单。

3. 使用这份清单对教学进行自我评估，确定需要改进的领域，或和其他教师一起进行同行评审和讨论。

促进精准课堂的衡量标准

立足起点的教师：

对精准课堂有深入理解，使课堂精准，并有机会为其他教师提供指引。

坚持所有学生都能够实现精准学习的信念，并与学生分享信念。持续监督确保达成高期望。

将精准课堂作为不可或缺的组成部分嵌入整体教学。

实施有效支持和脚手架辅助，使用针对全体、小组和个人的辅助策略，以确保所有学生都能够实现精准学习。

定期整合各种正式和非正式评估的创建、审查和修订，以确保所有学生能够精准地展示所学。

勇于攀登的教师：

不断加深对精准学习的理解，促进教学和评估方面的变革。

期望所有学生都能实现精准学习，并且让言语和行动可以证实期望。

使教学计划融入精准教学，并在教学中切实实施。

将给予个人和小组的支架辅助转向全体学生。

定期审查评估，能增强课堂精准性，促进教学改革。

无限风光的教师：

深入理解精准课堂。

认识到教师的期望是所有学生都能够实现精准学习。

使教学计划融入精准教学，并在教学中切实实施。

将给予个人和小组的支架辅助转向全体学生。

定期审查评估，能增强课堂精准性，促进教学改革。

作者简介

芭芭拉·R. 布莱克本（Barbara R. Blackburn）博士，教育界知名人士，出版多部教育类专著，其中包括《精准不是4个字母的组合单词》（*Rigor is NOT a Four-Letter Word*）、《课堂中的精准教学与评估》（*Rigor and Assessment in the Classroom*）、《课堂精准与差异化》（*Rigor and Differentiation in the Classroom*）、《行为干预课堂与多教师——

单学生对话模型课堂的精准》(*Rigor in the RTI and MTSS Classroom*)、《学校的精准：领导者的一个工具包》(*Rigor in Your School*：*A Toolkit for Leaders*)。芭芭拉作为国际教育领域演讲专家，定期为各级学校和地区提供专业发展建议。

参考文献

1. Blackburn, B. R. (2017). *Rigor and assessment in the classroom.* New York: Routledge.
2. Blackburn, B. R. (2018). *Rigor is NOT a four-letter word* (3rd ed.). New York: Routledge.
3. Blackburn, B. R. (2019). *Rigor and differentiation in the classroom: Tools and strategies.* New York: Routledge.
4. Santa, C., Havens, L., & Macumber, E. (1996). *Project CRISS: Creating independence through student-owned strategies.* Dubuque, IA: Kendall/Hunt.

11

全纳课堂行为准则

（INCLUSION DO'S, DON'TS, AND DO BETTERS, 2016）

［美］托比·J. 卡尔顿（Toby J. Karten） 著

吴若滢[①] 译

23 项鼓励行为

28 项抑制行为

32 项改善途径

① 伦敦玛丽女王大学心理治疗与创造性艺术专业硕士，浙江理想教育研究院研究人员。

什么是全纳课堂？

特殊需要学生的学习已从隔离式课堂逐步发展为同伴协作学习的全纳课堂。普通教育的课堂给美国《残疾人教育法案》（*Disabilities Education Act*）名下的全纳课堂实践提供了最大的施展空间。全纳课堂不只是一个改革项目，而是为学生的一生做准备。它能否成功取决于学校教师资质、学校的支持程度、教师对学生的了解和对个性化教学策略的知识储备；它的困难之处在于学生情况的多样性。以下是构建全纳课堂的五大模块。

全纳课堂结构

构建全纳课堂的五大模块为积极态度、循证实践、合作学习、特殊指导和行政支持。每个模块各有不同但相互依存，它们共同建构起一个全纳和支持的学习环境。

基本准则概述

积极态度。具备并传达积极态度，让每个学生都能在包容的环境中取得持续的成就。

循证实践。调查并实施循证实践，同时持续监测学生的学习情况。

合作学习。重视合作学习实践，并提倡由普通教育（GE）和特殊教育（SE）领域的教师、教学助理、相关工作人员，以及学生和家庭共同分担教育责任。

特殊指导。尊重“个性化教育计划”（IEP）中提出的特殊化指导，以确保有身体缺陷的学生能够基于他们当前阶段的学术水平和学业表现学习课程。

行政支持。提倡行政支持，提供实质资源与情感支持。

积极态度

积极态度是全纳课堂中最重要的组成部分。它不仅限于教师，还适用于学生和家长。

积极态度		
鼓励行为	抑制行为	改善途径
相信全纳和支持的态度能让不同能力水平的学生在全纳课堂中得到进步。	避免使用一些特殊需要学生不能理解的手势或口头语言。	承认能力差异，但不让学生差异影响全纳课堂学习。寻找协作学习的可能性，并让所有学生感受到全纳与支持。
让所有能力水平的学生都能在学校学习中体验到成就感。 为学生提供切合实际的反馈，将消极因素转化为推动进步的积极因素。	请勿做出特殊需要学生不能通过测试或跟不上学习进度的内心假设。不要否定特殊需要学生的能力。	对所有学生一视同仁。促进学生自我效能提升，培养学生争取自我权益的意识与能力。积极表扬学生的优势、兴趣与潜力。
在学习过程中，教师、学生与家长要互相支持，坚持不懈。不要让消极态度影响学生进步。	教师和家长切勿对立，若彼此之间意见不一，就要多沟通。	鼓励家校协同一起解决问题，围绕共同目标提有效、有针对性的意见。
根据学生能力水平提供个性化指导。	不要认为根据学生实际情况做出调整和补救会影响其学习成效。	认可全纳课堂的必要性和弹性课程安排的重要性。

循证实践

循证实践从来不是通用普适的，而是针对特定学习者并且以研究为基础的。

循证实践		
鼓励行为	抑制行为	改善途径
持续地定期地测试学生的能力发展水平和知识积累情况，包括提供检测学习进度的形成性评估。	避免在没有评估学习有效性的前提下直接模仿或一味照搬已有的课程项目。切勿自己对学生身心情况做诊断。	调查以证据为基础的资源，为教育研究提供跨课程和特定学习者应用的实验和定性证据的学术评论。 • Institute of Education Sciences, What Works Clearinghouse, http://ies.ed.gov/ncee/wwc • National Center on Universal Design for Learning, www.udlcenter.org/research/researchevidence • The Iris Center Peabody College at Vanderbilt University, http://iris.peabody.vanderbilt. edu/ebp_summaries/ • Power Up What Works, http://powerupwhatworks.org • Kretlow, A. G., & Blatz, S. L. (2011). The ABCs of evidence-based practice for teachers. Teaching Exceptional Children, 43 (5), 8-19.
根据项目设计实施教学活动以确定其有效性。	不要在不考虑已投入的时间和已搭建的结构的情况下，轻易否定一个项目或实施其他决策。	对能帮助每个学生的事情保持开放的态度。参与选定的基于证据的干预措施的专业发展（研讨会、获取期刊文章、专业组织、员工图书俱乐部、在线资源和文献）。员工培训包括普通教育和特殊教育教师以及相关服务提供者（身体、职业和语言治疗师）。

合作学习

合作学习包括管理者的牵头落实、教师的专业支持、学生及家长的积极配合。

合作学习		
鼓励行为	抑制行为	改善途径
尊重多方合作关系，共同承担课堂责任，鼓励学生参与课堂规则制定与任务布置，如公布每日授课计划、列出作业清单、提供学生相处的量规和示范、说明同伴指导和监督的角色等。	避免全权将一项任务交给某个人。如果你从来没有沟通过需要做什么的话，就不要批评别人没做什么事。当事情出错时，不要指责和抱怨。	重视管理层、教师、学生和家长间的合作关系与合作投入。将合作中的挑战视为学习合作的潜在机会。比如，若老师没有足够的时间当面了解学生的情况，则可以通过邮件或留言的方式来了解。教师也应自行学习欠缺的知识。尊重时间安排，不要迟到。

续表

合作学习		
鼓励行为	抑制行为	改善途径
不断丰富课时和单元的协作角色。在课堂上可以建立学习中心，并提供平行授课，不完全依赖于一主一副合作教学模式。例如，在教除法时，一组学生由老师教用一个分数表示余数，而另一组学生则由老师教如何用小数表示余数，还有几个学生学习更多有关除法的概念。	教师避免在走廊上上课。切忌自满于已有的知识储备，或认为过去的经验足够应对任何问题。警惕过度监控，使授课教师畏首畏尾，从而压力过大。避免采取单一教学模式。请勿抱怨，要提供真诚帮助。	积极咨询相关知识领域的专家，保持合作学习的态度。 积极和搭档授课的教师沟通上课亮点及需调整的内容。 重视每个合作方的优势与投入，不让一方承担所有任务与责任。
普通教师和特殊教育教师需就课程设计、场地和资源达成一致观点。课堂中应为学生提供全班教学和个性化小组教学，以利于强化、再强化和补救。	请勿低估特殊教育教师的重要性。避免经常将特殊需要学生从大课堂环境中独立出来，或者冷落他们。	利用多层次支持系统（MTSS）为学生和课程提供多方面和多层级的专业支持。 将学习目标告知搭档授课教师、助教、学生和家长，让每个人都了解教学策略并统一方向。
让家长了解学生上课状态及作业安排情况等。教师可在学校网站及每周反馈中积极和家长分享学生的相关信息。	做决定之前不与家长沟通；切忌让家长产生被排除在外的感受；避免过于负面的家校话题。	让家长了解学生的学习进度，并提一些与上课相关的建议，帮助学生在家学习。（例如告诉家长学生这星期学了字母b、专有名词、文章引用、权利法案、物质特性、x轴与y轴、如何看地图等。）
为不同能力水平的学生在不影响学习成效的前提下区分测评难度和检查形式。	切记产生学生无药可救的想法；避免等到学生出现问题的时候才进行沟通。	鼓励管理层、教师、学生和家长之间进行高频率、灵活、富有实效且正面的沟通。

特殊指导

特殊指导是由教师、家庭和学生共同设计的循证有效指导，内容因学生个性需求而定。

特殊指导		
鼓励行为	抑制行为	改善途径
为实施各种个性化教学与评估提供支持，如为自闭症学生提供视觉化课程表，为多动症学生提供高频率休息时间，在拼写测试中为书写障碍学生抄写答案，为读写障碍学生提供改述版的作业说明，为记忆障碍学生提供更多数学作业时间，为管控功能障碍学生提供写作框架，与有不良行为的学生制定行为契约，为阅读能力低下的学生提供文字转录音的技术支持，等等。	请勿给所有学生一样的特殊化指导，尤其避免填鸭式教育。 请勿期待不同能力水平的学生可以理解相同的内容。 切勿认为科技可以代替教师教学。 不要在学生和教师没有准备的情况下对课程进行调整。 避免因空话连篇或者过度指导占用学生处理信息与思考的时间。	协助、指导、监督和辅导。 给学生提供锻炼自我管理能力的机会与空间。 提供间断性测试以确保学生可以理解并应用教学策略。 给学生提供足够的时间处理信息与思考。 从学生的角度合理安排课堂活动，例如给学生提供日程表和每周计划并提前标明火灾演习、提前放假、代班老师、美术课取消等具体情况。 根据学生能力从扶到放，帮助学生逐渐提高学习自主性。

行政支持

行政起到掌舵的作用。他们规划课程及日程，且提供财务与情感上的支持。

行政支持		
鼓励行为	抑制行为	改善途径
积极地向教职员工、学生和家长表彰学生的进步。行政人员在不同时间段巡察学校，观察师生关系和教学方面的动向。在晨会、日常活动和口头与书面反馈中积极鼓励学生和教师的进步。	请勿在正式或非正式的对话、会议及评估中对全纳课堂或学生发表负面言论或对学生进行言语指责。	跳出既定思路帮助减轻教职工的教学负担，如聘请一个流动的兼职教师来帮忙批改作业，或是在每月教职工会议的时候留出合作教学计划时间，等等。
通过持续的面谈、学校活动邀请、电话沟通、邮件交流等确保家校联系。 行政管理部门允许学校教师与学生家长表达各自的顾虑。 将学校学生的现实情况结合地区政策与法规进行综合考量。	切忌在教职员工会上赘述行政工作，要言简意赅说明工作，也可以用公告、清单或邮件等形式代替。	邀请各方合作讨论个别学生情况和班级动态，包括课程知识及全纳课堂策略等。积极思考普通教师和特殊教师的不同角色以及在合作教学中的身份及任务。

续表

行政支持		
鼓励行为	抑制行为	改善途径
鼓励教师提供不同形式的授课，包括常规授课、迷你课以及一对一实验指导课，并给予基于循证实践的教学指导方针。	切勿认为一套课程设计会适合所有学生，需要得到同事和家长的反馈信息。	为教师和学生的需求提供专业帮助。在学生和教育的问题上鼓励教师发声，切忌由行政控制话语。要综合考虑教师、学生和家长等方面的实际情况和心声。

学习没有终点站，是持续且无止境的旅程。所有学生都可以通过学习获得进步，但学习速度却不同，因此教学需要根据学生需求和能力而定。以下用红绿灯的结构总结归纳了三大指导建议。

红灯——停下回顾学生的个性化教育计划和之前在学校的学习记录，考量学生已掌握和未掌握的知识内容。在全纳课堂中激发学生的学习兴趣，营造鼓励学习的全纳课堂氛围，让学生清晰地意识到尚未掌握一些知识不要紧，重要的是不能停滞不前。

黄灯——请你准备好抱着合作的心态安排全纳教学工作。分析学生的学习需求，适时在需要重复的步骤上安排有需求的学生进行巩固复习。提供有关的自主学习材料并测试学生的能力。适时减少教师指导以鼓励学生自主学习。

绿灯——用指导性决策引导课程，重视全纳课堂的教学计划、教学指导和学习检测。在全纳课堂中采用合作学习、双师教学、跨学科学习等多形式开展教学，并融入视觉、听觉、触觉等多感官元素。为教师、学生和家长赋能，向着共同的目标进步。

改善学生读写能力的策略

如果老师这么做，学生可以学习得更好。

- 为学龄前儿童的阅读提供口头和非口头的提示，以促进其语言能力的提升。
- 为统考中读写分数较低的学生提供每星期3～5次、每次20～40分钟的小范围集中阅读指导。

• 让学生每天锻炼听力与口语能力，包括听音识别单词、辨别读音、学习押韵等。

• 为学生补充背景知识，如用视觉导图、思维导图等，提升学生的思考能力和组织能力。

• 为二到六年级的学生组织每周3～4次的针对阅读理解的同伴学习。

• 鼓励学生写心情日记。

• 提供直接、系统、同步的多感官指导以提高学生音素意识。

• 在教学中为学生提供可参考的例子。

• 帮助学生用Project Zero指南针系统来识别并反馈感受。

N-北：需要知晓（need to know）

S-南：建议继续学习（suggestion for more learning）

E-东：有学习热情（excited）

W-西：有学习焦虑（worrisome）

• 指导学生学习如何引用文本中的证据，以提高学生的研究技能。

• 使用图像化的整理方法收集学生想法。

• 在学习中使用类比的方法，帮助学生理解。

• 寻找跨学科教学的机会，如用数学知识配平化学方程式，在历史课上教相关的诗歌。

• 为研究项目提供详细步骤和参考模型。

改善学生社交能力、情感能力和行为能力的策略

如果老师这么做，学生可以学习得更好。

• 给学生提供自主选择的机会。

• 指导有抑郁倾向的学生和缺乏自信的学生做自我独白。

• 锻炼学生的自我管理能力。

• 强调六到十二年级学生的决策能力培养。

• 安排班会活动鼓励学生积极的社交行为。

• 提供讨论、游戏、故事和其他课堂活动形式，以强化课程目的并改善学习表现。

• 为初高中学生的导师和咨询师提供学生行为反馈，改善学生的学习表现。

• 关注前沿的自我认同提升与社会情感能力学习的项目，帮助学生开发并保持积极社交关系，减少行为问题与情绪问题。

• 咨询专业团队，如行为介入师、学校心理教师、咨询师等。

• 和家长分享学习计划和策略。

• 用学习模型、反馈策略、学习用具等科技或非科技产品帮助学生自我监测学习任务。

改善学生数学能力

如果老师这么做，学生可以学习得更好。

• 提供系统、直接的数学指导。

• 将思考过程用语言表述出来。

• 提供矫正性的反馈。

• 指导性练习。

• 提供解决问题示范。

• 做总结性回顾。

• 在数学符号和表达上进行指导。

• 用多媒体以视觉化的方式呈现学习概念。

• 增加算数的练习时间，帮学生提高熟练度。

• 使用能帮助数学教学的新技术，例如数学检索工具和虚拟教具。

差异化全纳课堂的改善策略

在需要不同学习内容和目标的班级中，教师应采用全纳课堂策略。

• 为不同的情况准备相应的教学用具，如学习表格、适合不同阅读水平的阅读文本、字典，以及一些文具等。

• 准备好不同的教学材料，如在学习诗歌的时候准备一个押韵词库，以及数学和科学教具，以方便对教学内容的视觉呈现。

• 提供一个安静的无压力区域以便学生反思自我行为或进行小组学习。

• 记住降低音量也可以得到学生的关注。

• 注意周边环境设施，如背景音、灯光等。

• 根据学生情况考量后期工作，如哪些部分需要重复学习等。

• 在教室里设立学习信息角，以丰富学生的项目化学习，信息角提供班级报纸、课程游戏、网络探究活动、研究机会信息等。

• 运用新技术。

保持教室整洁、适用规则一致、师生沟通顺畅，如在课程表有改动或增加新任务时及时通知学生，在任务中加强检查以避免学生掉队。让学生、家长和教职工共同相信不同能力水平的学生都能达成高成就。无论如何都对学生保持高期待！

作者简介

托比 · J. 卡尔顿（Toby J. Karten）是一名职业培训师、指导教练、教学顾问、作家、兼职教授和全纳课堂专家。她曾教过从学前班到高等教育的不同阶段的学生。她的学术成果因其可操作性和可兼容性，被众多教育工作者所推崇。她目前的职业目标是和教师合作帮助他们在全纳课堂上更有效地实施课程。

12 在教学中融入社会情感教育

（INTEGRATING SEL INTO EVERYDAY INSTRUCTION, 2019）

[美] 南希·弗雷（Nancy Frey）
多米尼克·史密斯（Dominique Smith） 著
道格拉斯·费希尔（Douglas Fisher）

吴若滢 译

5 条原则

33 个基本素养

15 种能力建设行为

什么是社会情感教育?

社会情感教育是指一系列关于社交、情感、行为及人格的技能学习，它是学生在学习、工作及人际交往中取得成功的关键。社会情感能力通常被认为是软技能或是个人品性。这些技能影响着学习效果与人际互动状况。社会情感能力强的人有较强的适应能力，可以根据不同情境调节自我行为，使其适应环境，并持续发现建设共同体与完善社会服务的机会。

社会情感教育的五大原则

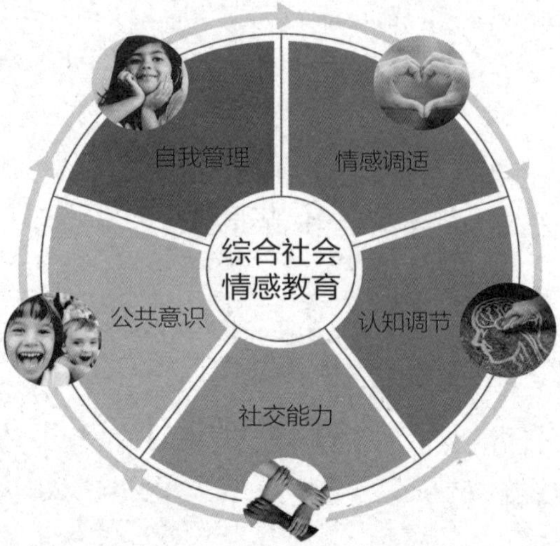

1. **自我管理。**学生的自我认知有多种形成因素，包括学生在校内和校外的生活经历。他们的自我身份决定着自我能动性，代表了自我个体对于客观世界发挥能动作用的信心。社会情感教育能够培养学生持之以恒、迎难而上的坚韧品格。

2. **情感调适。**学生需认识到情绪会随时出现，且有时情绪会对自我和他人造成负面影响。社会情感教育通过提高自我情绪认知、学习冲动控制、培养应对能力来改善学生管理自我行为的能力。

3. **认知调节。**优异的学生可以做到监控自己的认知过程（元认知），做到集中注意力，设立并监测目标，识别并解决问题，抉择且运用组织协调能力。社会情感教育能帮助学生养成学习中必要的习惯与性格。

4. **社交能力。**社会情感教育旨在让学生了解如何尽到朋友和同学的职责，帮助学生培养同理心，发展学生的亲社会行为，如分享和团队协作，并让他们学习如何建立人际关系并在关系出现裂痕时修复关系。

5. **公共意识**。民主的基础是公平地看待与对待所有人。社会情感教育通过培育人格与领导力以及道德与正义，鼓励儿童对社会做出贡献并培养其社会责任感。

综合社会情感教育

社会情感教育项目在现代社会较为常见，但由于学生的日常课程仍较为独立、缺乏整合，一定程度上限制了社会情感教育的教学目的（Jones et al.，2017）。综合社会情感教育协调了学校的学习内容，促进并加强学生掌握关于自我、他人及社交的知识。教师可以通过拓展教学内容来强调认知和情感的调节、人际互动和决策判断。在这样的教育下，学生能用更真实、更有意义的方式识别、分析并解决问题。

自我管理

我们每个人对自身的行为能力都有自我概念和信念。自我身份指我们对自己的理解，即我们如何看待自己和他人的关系以及自身的优势与弱势，是我们向世界和自己叙述自我的方式。自我能动性是我们用赋能和自主的方式行动的能力。对自我能动性的信念会影响自信心和面对消极事件时的应变能力。自我身份和自我能动性受稳定和不稳定因素影响，如性别、种族、性取向、经历、文化和经济水平。

学生的自我身份和自我能动性是学习和取得学术成就的基础。缺乏稳定的自我身份认同的人难以接受智力挑战，而缺乏自我能动性的人对于自主改变学习轨道的能力没有信念。

六个自我管理核心能力

1. **优势识别**——对于自我能力及才华的认知。
2. **自信心**——通常指在特定领域里对于自我的信念。有充分基础时它能为学习赋能。

3. **自我效能**——对于行动能力、任务完成、目标达成的信念。它受个人能力影响，也影响个人自信心。

4. **成长心态**——学生相信自己能通过专心、奉献与努力提高个人能力。

5. **毅力**——追求目标时，能够坚持不懈地面对挑战且表达持之以恒的意愿。

6. **韧性**——在课堂和生活中，经历挫折与消极事件时有自我恢复的能力。

培养自我管理能力的整合方式

1. **关注学生的天赋与能力。**比如，指导学生制作“我的优势清单”或是“施助广告”（如果需要某方面的帮助，请来找我）。这些活动可以以跨学科的形式开展，轻松地帮助学生探寻自我身份，并提醒他们关注自己的已有能力。

2. **引起学生对于自我成就与目标的关注。**提高学生对自己的成就与努力的认知，为学生赋能并培养他们的成长心态。

3. **分享并模拟挑战经历。**与学生分享自己曾经面临的挑战、所做的坚持以及最终战胜困难的经历。在相关内容范围内，突出有影响力、有毅力的历史人物、现代人物及文学人物。

4. **创造安全的课堂环境。**这意味着教师需要表现出关怀与关心，同时意味着教师需用一致的例行的日常工作来规范学生的学习，并提供互助的机会以帮助学生培养积极自我概念。

反馈的力量（Frey, Fisher, & Smith, 2019, p.25）

给学生提供反馈为培养他们的自信心和韧性提供了机会。哈蒂和廷伯利（Hattie & Timperley, 2007）的框架提供了坚实的指导。

反馈类别	反馈案例	对自我管理能力的影响
✔ 关注任务处理	"我注意到你在这个任务上已经花了12分钟，而且你都没有放弃或分心。" "你有没有注意到当你积极倾听时你学到了更多内容。"	这是高价值反馈。这类反馈提醒学生关注他们正在使用或应该使用的认知和元认知策略。
✔ 关注自我调节	"我看到你在和小组成员合作时感到沮丧，但你并没有生气，而是给他们具体的反馈。现在似乎每个人都回到正轨了。" "你对科学实验室的想法令我特别激动，但我看到你后退并让你的团队成员进行分享，即使你理解得比他们快，你也没有占主导位置，这给他们提供了思考时间。"	这是高价值反馈。这类反馈有助于学生自我评估他们的能力、知识和行动。
✗ 关注个人特征	"你真是个好孩子！" "真棒。"	这是低价值反馈，因为它没有提供任何与任务相关的信息。解释夸赞的原因可以提高反馈价值。

情感调适

情感影响着生活的方方面面。理解我们的情感组成，包括触发原因、信号及回应，都可以提高自我调适的能力。学生和世界或他人交涉时都需要使用这类能力。缺乏这类能力的人难以识别他人的情绪。在课内和课外，学生情感调适的能力都影响着他们的同伴及其他成年人对他们的看法。

六个情感调适核心能力

1. **情绪识别**——识别他人情绪的能力。这是理解并管理情绪的第一步。它需要仔细倾听并观察他人。学生也可以探索他们在学习生活中遇到的真实人物或虚构人物的情感。

2. **自我情绪感知**——对自我情绪状态的认知。这不仅仅是简单地给情绪贴标签，而需要精准应用。这种能力需要练习，尤其需要学生时常关注自我情绪状态。

3. **冲动控制**——行动前思考的能力，尤其是在极端情绪下所进行的思考。

教师需帮助学生认识到冲动行为的引发机制，并帮助他们学习积极应对方式。

4. **延迟满足**——这也是一个与成熟度有关的行为。教师需通过设定合理、可达到的目标来培养学生延迟满足的能力，且教师需要有一定的信赖度。

5. **压力管理**——通过呼吸、拉伸、身体活动、转移注意力等改变身体状态的技巧来调节自我情绪反应的能力。

6. **合理应对**——正确预防焦虑的能力，包括寻找社会支持和帮助的能力。不良的应对策略包括责怪他人、退缩和拒绝。教师需为学生提供可以运用积极应对能力的班级环境。

培养情绪调适能力的整合方式

1. **制作视觉资源为学生增加情绪词汇。**从学生读过的文字中提炼情绪词汇，并将它们根据关系组成不同词汇组合来创建一个词汇墙。引导学生在写作和情绪识别与表达时使用自己觉得合适的情绪词汇。

2. **使用屏障游戏增强倾听能力。**指导学生分组背对背坐，不能看到彼此。由一名学生手持一张与学习内容相关的图片，如画有旗帜、地图或符号标识的图片；另一名学生手持纸笔或有绘画软件的平板电脑，但看不到图片。教师指导学生协作，在手持图片的学生不说出图片内容的情况下由持绘画工具的学生还原图片。

3. **将压力管理练习融入每天的生活。**例如，在课间或活动过渡中伸展身体，或在考试前进行引导式呼吸练习来增加氧气吸入并镇定神经。教师应经常提醒学生，帮助他们在选择压力应对机制前观察自己在压力情境下的生理反应，应对机制包括捏解压球、写日记或在班级指定的安静区域平复心情。

身体测试

指导学生从动态活动到静态活动过渡时（例如在午间休息后回到教室时）进行身体测试。这个技巧仅需几分钟，但能让学生以一个平静和专注的状态进入学习。

指导学生：

1. 闭上眼睛，脚平放在地面上且保持静止。
2. 将手轻放在大腿上，保持静止。
3. 端坐，保持后背直立。
4. 伸长脖子，放松肩膀。
5. 慢慢地深呼吸五次。

完成后对学生说："现在你们可以睁开眼睛开始学习了。"

认知调节

认知调节指针对学习目标达成的有意识的、策略性的、自主的行为、动机与思考。简单来说，认知调节能够帮助学生学习、维持注意力、设定目标、识别并解决问题、做决策并运用组织能力。在社会情感教育的背景下，学生将承担更多学习责任并积极配合教师的教学过程与策略。

七个认知调节核心能力

1. **元认知**——识别自我思考、考虑任务所需的路径与辨别合适对策的能力。

2. **注意力**——不仅指长时间的注意力，还包括学习分心时将注意力重新引导回学习的能力。

3. **目标设定**——致力于学习目标达成、观测学习进度并鼓励学习成长的能力。

4. **问题识别与解决**——识别问题存在，启用经验、专业知识和指导来形成有效解决方法的能力。

5. **寻求帮助**——分辨有利或无利的困难并在需要的时候表达寻求帮助的意愿。

6. **做出决策**——思考不同的路径、做出抉择并行动的能力。决策能力是问题解决的基础。

7. 组织能力——制作并遵循计划单、时间表，管理时间并养成学习习惯的能力。

培养认知调节能力的整合方式

1. **利用前测成绩帮助学生设定目标。**前测有助于识别学习单元中需要教学的知识，并帮助学生认识到他们需要学习的知识。教师应指导学生分析自己的前测结果并设定单元学习目标来检测学习进度；应鼓励学生自己做行动决策并运用组织能力使学习更有效。

2. **使用引导性教学培养学生解决问题的能力。**有时直接提供正确答案并不能更好地帮助学生提升问题解决的能力，尤其当你认为学生离正确答案仅一步之遥时。教师应教给学生如何用元认知的思考方式来自主解决学习问题（Fisher & Frey, 2014）。

- 激发学生对于背景知识的运用：当学生对水循环问题感到困惑时，问："你还记得那些关于物质状态的知识吗？"
- 提供过程或过程提示：当学生没有遵循数学运算规则并算错时，说："我正在想有没有能够帮助我们记忆解答顺序的助记符号。"
- 用回顾性提示培养元认知：当学生大声朗读却读错了时，说："我现在会像你刚才读得一样大声朗读一遍。你仔细听并思考自己是否有错误。"
- 提供转移注意力的提示："你是否可以用第×页的图来帮助自己找到想找的答案？"

把元认知变成解决问题的一部分

当遇到学习难题时，一些学生总是陷入困境且不知道如何解围。教师应教导并提示学生用以下步骤，以帮助他们解决问题。

- 识别已知知识。
- 总结学习内容。
- 和他人沟通已知知识、技能和能力。

- 制订目标并监测进程。
- 评估并回顾学习。

核心技能，核心责任

对青少年的社会情感能力培养不能顺其自然。我们倡导教师和学校领导不仅在学科学习上，更是在社会情感上强调每个学生的个性化发展。在这个日新月异的世界里，青少年常向身边的成年人寻求智慧与启迪。实际上，一部分人或许会疑惑为什么社会情感教育到现在才被重视。就像一个智者说过，“种树最好的时间是20年前，其次是现在”。那么，你会种怎样的树？什么时候种树？

社交能力

学习社交能力有助于学生建立并维持人际关系，且学习沟通技巧可以培养学生的共情能力。社会关系的重要性体现在不同方面。有效的社交能使生活更愉悦，且大多数人表示他们人生中最重要的事情就是与他人建立社交关系。但因为我们总是不经意地破坏关系，我们也需要学习如何维护关系。这些社交能力都可以在课堂教学中教给学生。

七个社交核心能力

1. 亲社会能力——能够促成有助于友谊与合作关系的积极行为。
2. 分享——能够轮流分享有助于合作与友谊的资源。
3. 小组协作——与他人高效协作并达到期望目标的能力。
4. 关系建设——和教师及伙伴建立关系、创造积极学习经历的能力。
5. 沟通——分享想法、问问题和表达情绪的语言或非语言的技巧使用能力。
6. 共情——理解他人并与他人建立连接的能力。

7. **关系修复**——能够在关系出现问题时勇于承担责任并及时修复关系的能力。

培养社交能力的整合方式

1. **运用讨论方法。**建议采用围圈式和鱼缸讨论方法。这两种讨论方法有助于示范、鼓励并锻炼批判性思维、倾听能力与沟通能力。选择与学习主题有关且发人深省的话题，如作者研究与比较、关于生物实验的道德问题讨论等。

2. **掌握讨论能力。**在学术学习中沟通与协作能力是关键能力。培养学生的讨论能力有助于促进同伴反馈并帮助学生在合作学习中提出清晰的要求。

3. **集中注意力。**留意对方的话语，且不打断。即使没有眼神交流也要保持对对话内容的理解。关注对话主题，尽量不偏题，可以用视觉化信息的方式围绕主题进行沟通。

4. **关联提问。**请勿问偏离主题的问题，要问能够使对方阐明观点或举例的问题。

5. **阐明观点。**如果某个观点不够明确，应要求更多的说明。邀请对方进行解释，而不是假设自己已经理解了对方的观点。

6. **适当转述。**用自己的话转述观点，确保对话语的理解并传达给对方“你在倾听”的信息。

7. **关注情绪。**在社交中，情绪会自然而然地出现。积极倾听者应学会不仅接受话语中的信息，还能够发现其中的情绪。

8. **善做总结。**请勿突然结束话题，而是在话题最后进行总结，包括对话中涉及的观点，以及双方是否对观点达成一致，或哪些观点需要更多的讨论等。

有助于学生修复关系的建议

用与自我有关的话语帮助学生理解你的想法与感受。

避免问是否类问题，而是问一些开放性问题帮助学生继续社交话题。

理解并转述情绪，帮助学生倾听自己和他人。

留意学生从责怪他人到承担责任的话语。询问学生如果再次发生同样的事情，会用哪些不一样的策略。

邀请学生自己提议修补关系的方法。若提议不妥，再提供更合适的选择。

为学生提供支持，询问学生是否需要帮助。

让学生承担责任。

公共意识

社会情感教育是关于自我与外在世界互动的教育。因为它涉及社会学习的方方面面，所以逐渐受到更多的关注与青睐。社会情感教育通过影响公民性格与培养公共技能来促成公民行动。课堂是一个培养公共意识的主要场所。教师通过整合情感、认知及社交技能学习提高学生在学习与生活中必备的公共意识。

七个公共意识核心能力

1. **尊重他人**——在不同人身上看到价值的能力。尊重他人的人能够意识到集体的力量还源于差异，而不仅是一致。对他人的尊重是对他人权利的维护。

2. **鼓起勇气**——面对恐惧的坚持。勇气是不论心理的恐惧或社交的危险，仍坚持完成一件有意义的事情。勇气表现在为他人挺身而出并做出一些虽然不受欢迎但具有道德责任的行为。

3. **道德责任**——同时权衡自我情况与团体处境的能力。未考虑共同利益的公平就是自私。具有道德责任的抉择需要判断是非与承担行为责任的能力。有道德责任感的人是以光荣且有原则的方式行事的。

4. **公民责任**——允许所有人发声、纠正不公并为共同利益做贡献的参与式民主。学生通过投票或相互尊重的辩论来做决定并达成一致。

5. **社会正义**——对所有人的人权及改善他人生活质量的使命感。这是对正义的信仰，它应公平、勇敢地予以执行。

6. **服务学习**——结合学术学习与社区福祉的教育方式。服务学习与课程相关联，并通过学生为导向的计划和共赢的合作关系来满足社区需求。

7. **领导力**——激发他人，组织、委派职务，周到、真诚沟通，并对集体工作负责的能力。当我们培养学生的领导力时，我们使他们有能力成为更具参与性与启发性的学习者。

培养公共意识的整合方式

1. **讨论实时的道德问题。**通过分析讨论真实和虚构的人物所面临的道德问题来解开道德抉择的困境。

2. **通过班级任务培养学生公民责任。**不管学生年龄多小，都可以尽到为集体做贡献的职责，包括发放材料、管理回收物料、迎接来访者等。年龄稍大的学生甚至可以提供技术支持，如确保电脑已连接至电源等。所有年龄的学生都可以针对书本选择、测试种类和班级科代表人选等进行投票。

3. **寻找服务学习的机会。**服务学习与以个人志愿者为主的社区服务不同。虽然社区服务有自己的价值，但它缺少服务学习所带来的互惠作用。学生在组织里并不只是为他人工作，也是和他们一起工作（Boyle-Baise & Zevin, 2013, p.217）。教师可以将课程与对班级、学习及社区有帮助的项目相关联。

4. **鼓励学生投入并为领导力培养提供机会。**通过学生会的活动、专业发展及学校事务的计划、实施和评估，可以培养学生的公共精神，也可以发展他们解决实际问题的能力。要制定一些流程帮助学生更深入地了解问题。要发现、培养并调用这些年轻、具有领导潜力的小领导家，他们的潜力常因为学业问题与行为困难而被忽视了。通过正确引导，有些学生可以变成很好的领袖人物。

作者简介

南希·弗雷[1]

多米尼克·史密斯（Dominique Smith）是圣地亚哥健康职业学校（Health Sciences High & Middle College）校长，同时承担校园文化建设与学生倡导的工作。

道格拉斯·费希尔[2]

参考文献

1. Boyle-Baise, M., & Zevin, J. (2013). *Young citizens of the world: Teaching elementary social studies through civic engagement*. New York: Routledge.
2. Fisher, D., & Frey, N. (2014). *Better learning through structured teaching: A framework for the gradual release of responsibility* (2nd ed.). Alexandria, VA: ASCD.

①② 详见本书第 133 页相应介绍。

3. Frey, N., Fisher, D., & Smith, D. (2019). *All learning is social and emotional: Helping students develop essential skills for the classroom and beyond*. Alexandria, VA: ASCD.

4. Hattie, J., & Timperley, H. (2007). The power of feedback. *Review of Educational Research, 77*, 81–112.

5. Jones, S., et al. (2017). *Navigating SEL from the inside out: Looking inside and across 25 leading SEL programs: A practical resource for schools and OST providers(elementary school focus)*. Harvard Graduate School of Education, Cambridge, MA. Retrieved from Boyle-Baise, M., & Zevin, J. (2013). Young citizens of the world: Teaching http://www.wallacefoundation.org/.

13

协同教学精要

（CO-TEACHING ESSENTIALS, 2018）

【美】苏珊·亨茨（Susan Hentz） 著

朱珈萱[①] 邢志煜[②] 译

5 种协同教学方法

35 个建议

4 个常见问题解答

①② 浙江省杭州市崇文世纪城实验学校教师。

什么是协同教学?

协同教学是指两名或两名以上有资质的教师或专业人员共享知识专长和教学责任，以创造一种有利于学生取得积极成果和教师取得成功的学习环境。它可以为残疾学生和英语学习者（ELLs）提供服务，使他们能够在限制最少的环境中，通过特别设计的教学，学习通识教育课程。

协同教学的伙伴关系

教师和其他专业人员之间可能存在各种各样的协同教学的伙伴关系。每一位协同伙伴都为教学过程带来独特的专业知识、经验、视野和优势，这些都有利于学生的学习。协同教学的伙伴关系有许多不同的组合。

通识教育教师的伙伴可以有：

特殊教育教师	通识教育教师
英语教师	言语语言病理学家
适应性体育教师	职业治疗师
理疗师	其他相关服务专业人士

特殊教育教师的伙伴可以有：

通识教育教师	言语语言病理学家
适应性体育教师	职业治疗师
理疗师	其他相关服务专业人士

对协同教学教师的五个期待

为了有效地开展协同教学，教师必须做到以下事项。

1. 通过交流优势、挑战、兴趣、环境需求以及协同时所承担的角色和责任来发展协作技能。

2. 主张包容性练习，致力于满足所有学生的需求。

3. 结合专业人员的专业知识，以满足同一学习环境中学生的不同需求。

4. 确定课程资源和教学策略来制订计划，以及指导和评估学生。

5. 整合不同协同教学方式，根据学生需求灵活分组。

协同教学对教师的好处：

- 整合专业技能来帮助所有学生。
- 学习其他教育者的专长。
- 采用灵活的分组进行教学。
- 根据学生的需要进行个性化教学。
- 对教学内容和特别设计的教学有更深的理解。

协同教学对学生的好处：

- 获得适当的支持，通过学习课程的机会来取得成就。
- 接受特别设计的教学来获得成果。
- 在提高了师生比例的小群体中接受教学。
- 与教师互动的时间增加了。
- 能够在两名专业人士的帮助下接受通识教育课程的教学。

什么是协同规划？

协同规划是指专业人员协作，他们运用专业知识来安排教学内容、内容呈现方式和学习评估。

协同教学的协同规划应包括：提供一个能给予学生帮助、具有建设性并且安全的学习环境；分享关于每个教育工作者的专业知识和平等地位的信息；规划教学以满足所有学生的需求。

在教学之前，协同教师需要做的事有以下几项。

- 讨论学生需求，利用数据和个性化教学计划（IEP）来驱动教学。
- 考虑教学内容呈现的多种方式。
- 分配并承担好任务和责任，为上课做好准备。

• 确定好灵活分组和协同教学方式。

• 设计差异化教学活动。

注：协同教师必须花时间回顾协同教学课堂上身患残疾学生的个性化教育计划和英语学习者的教育计划。在计划、教学和评估课时，教师需要利用这些信息来更好地关注个体学生的目标、特别设计的教学需要以及学习所需的调整和改进。

五个关于协同规划的小建议

1. 安排每周一起做规划的时间。
2. 回顾最有效地帮助所有学生达到标准的教学内容和教学策略。
3. 确定角色和责任。
4. 反思和评估以前的规划。
5. 确定并使用技术工具进行协作规划。

要点：玩得开心（吃零食）！

协同规划的基础

重要的是，协同教师要有服务于规划的结构和方式。"基础六要素"（BASICS）策略可以提供一种方式，它能基于通识教育计划创建出能够满足多样化学生群体需求的课。

大观念（Big ideas），如基本问题、学习目标和课程标准，这些是由通识教育教师确定的。学生都需要知道、理解和应用什么？

分析（Analyze）学生数据（如个性化教学计划、教学调整和特别设计的教学）并确定指导教学的需要。

根据基本问题和资料确定策略（Strategies），包括特别设计的教学和教学策略（如图示/动作、技术、参与度、灵活分组等）。

整合（Integrate）协同教学中用来适当进行课堂分组的方式。具体方式的选择应该基于学生需求和教师专长，对课程（包括内容和教学策略）以及后勤方面做考虑。

在课后共同（Collaborate）反思课堂结构、学生的个人成效，以及每个伙伴在课堂中扮演角色和承担职责的有效性。

利用协同教师的专业知识和指导教学的数据来有策略地安排（Strategize）之后的课，以提高学生的成绩。专业人员必须愿意把自己的教学技术、活动和策略带到每堂课中，用以提高学生学习成绩。

找时间协同规划

找时间建立协同关系和制订教学计划是具有挑战性的。每个协同教学团队都需要确定一起规划的频率。通常来说，每周花费45分钟进行协同规划是一个不错的安排。这里有一些安排日程的方法供参考。

公共时间：最好安排一些规划时间，排入教师的时间表中。要与你的同事协调并分享一些规划时间来开展合作，最好每周至少有一次。

购买时间：有时利用一些工作日程之外的时间是很有必要的。行政人员可能会为额外的规划会议提供补偿，这些会议可以安排在上学前或放学后，假期或计划好的早点下班的那几天。

数字规划：使用在线共享文件和协作工具来分享和共同提升课的质量。

工作日：可以在现有的工作日程中安排协同规划的时间。这样，协同的教师可以一起反思最新的培训内容，并讨论如何把它应用到教学中来。

员工会议：可以缩短员工会议的时间，以此来为协同规划留出时间。例如，客房管理项目的会议议程可以改为通过电子邮件交流。

代班老师：代班老师可以在轮流的基础上进行协作和协同规划。

注意：新的协同教学团队通常需要更多的规划时间，他们可能还需要寻找适合自己的协同规划的节奏或者正处于某些特殊时刻，如新学年或者学习新单元。

协同教学方式面面观

大组教学和小组教学对学生成绩都有显著影响。每一种协同教学方法在不同的课堂情况下都是有效的，并且在促进学生个性化学习和最大化参与学习的过程中具有各自的特点。在分组方式的选择上，预估学生需求不能缺，重点是充分利用每个教师的专业知识来满足学生的个性化需求。

一人教学，一人观察（协助或辅助）和用于帮助大组教学的团队教学是首先介绍的两种教学方法。

一人教学，一人观察（协助或辅助）

特征：一位老师属于带领者的角色，对一个大组的全体学生进行教学；而另一位老师则负责现场观察、提供帮助。

小建议：

这种方法最好是在某一专业人员对该课有特殊的专业知识或学生的作业需要密切监控时使用。

明确沟通每位教师的角色和责任，确保合作教师间平等的关系。

提供支持的辅助教师可以收集数据，并根据需要提供个性化指导。

教师转变职责，从“讲坛圣贤”转换为“俯身指导者”。

如果每天使用这种方法，则需要重新考虑是否需要两名专业人员来完成课程的教学目标。

好处：在教学过程中，学生会得到专业人员的帮助。

团队教学

特征：两名教师同时参与对学生的指导，并共同负责计划和实施教学。这种模式可以在一个大组或在促进型小组中实施。

小建议：

这种方法应该在基础有限的情况下使用，内容最好是辩论话题、示范协作和分享对课的热情。

注意教师说话与学生讨论之间的比较。

协同教师应该在大组教学中自在地分享专业知识。

使用幽默的方式、合作对话与出声思考模式可以增强教学效果。

在大组教学中，协同教师可以根据学生的需要转变为另一种教学方式。

好处：作为一个团队来工作，协作教师可以在整个课程中分享教学策略和技术。

以下介绍的三种小组教学方法既能满足学生的个性化学习需求，又能结合特别设计的教学，使学生的学习有成果。在使用这些方法时，离不开合作教师合理把控节奏和音量。

平行教学

特征：学生分成两组，每个教师使用相同的教学内容进行同步教学。有时，教师可能会在这种模式下同步地教授两种不同的技能，然后再换小组进行指导。

小建议：

两位教师都必须有相关内容或技能的知识，并对教学内容和过程胸有成竹。

合理安排小组所在位置，以便协同教师在进行教学的同时，可以使用非言语提示来把控课堂时间和音量。

计划好教学内容和策略来为所有学生指出课程的切入点。

确保灵活分组，避免形成“班中之班”。

这种方法能够让学生从不同的角度看待相同的话题或技能。

好处：增加了的师生比提供了更多讨论的机会。

选择教学

特征：一名教师对班级中大部分学生进行教学，另一名教师对其他小部分学生进行特定的教学。

小建议：

确保不在教授核心内容时使用这种方法。

学习的过程，短则几分钟，长则近乎整节课，这取决于学生的需要。

对小部分学生的教学可以是预教、再教、复习、扩展、介入教学或培养有用的社交技能。

教师应根据自己的专业知识扮演相应的角色。

这种方法不是为了形成“班中之班”。想要达到最好的效果，就需要在课堂中让每一个学生都能体验到小组教学的优势。

好处：协同教师可以与学生开会交流并收集数据，了解学生特定技能的掌握程度。

分站教学

特征：老师把教学内容分成几个部分并在教室里设置站点。协同教师以小组为目标进行指导，学生在转到下个站点前要在当前站点花一定的时间进行学习。在站点交替期间，一组学生也可以以小组或个人独立的方式来学习。

小建议：

应考虑站点安排时所涉及的物理因素，如每个活动中学生移动路线和音量大小。

教学不能是线性的；站点的学习必须能够在任何顺序下完成。

特殊教师/专家可以将特别设计的教学、教学调整和改进整合到教学内容中，使教学个性化。

这种方法允许差异教学和分层学习。

在计划过程中必须考虑对时间和音量的把控。

好处：每位教师都有平等的地位，也有同样的机会来为学生提供个性化教学。（注意：学生不需要到所有站点。）

选择协同教学方法的四个关键因素

当精心选择教学方法之后，协同教学的效果就会达到最佳。一般来说，主要有四个影响协同教学方法选择的因素。

学生

学生对于特别设计教学的需要、兴趣和学习风格将影响教师所采用的教学方法。如果学生需要预教、补习或加快进度，那么在规划学习时就应该选择能够提供这些机会的方法。上述五种方法中有三种是将学生重新分组。协同教师要确保分组的多样性，并分担教导不同学生的责任。

老师

根据教师所掌握的专业知识及对教学内容和策略的把握程度的不同，协同教学的方法将有所不同。重要的是，参与协同教学的教师都有机会成为主导教师。如果协同教师的教学风格差异很大，那么最好选择能让他们独立教学的方法。或者，如果协同教师一起工作更轻松，那么选择一种更加充分合作的方法会比较合适。

课程：内容与教学策略

当选择一种协同教学方法时，考虑教学内容和能够最有效传达内容的策略也是题中之义。高度结构化的内容和程序，如教学过程中对某一步骤的教学，需要一种方法；结构没有那么精细的内容，如观点讨论，则需要另一种方法。

后勤

在选择协同教学方法时，应考虑课堂环境。例如，在一个小教室里，选择教学方式时就需要考虑音量控制的问题。

协同教学的策略计划表

协同教学策略计划表可以用来表明学习领域、特别设计的教学需求，以及可以使用的合作教学方式。下表展示了如何使用合作教学策略计划表。（Hentz & Jones, 2011）

学生	学习领域或技能	特别设计的教学需求	合作教学方式
萨拉是一个在任务开始和完成方面有困难的学生。她常常很难马上开始学习，有时也不能在规定时间独立完成计划的任务。当分配任务后，其他学生都在学习，萨拉经常只是坐在那里。当莎拉无法完成任务时，她很容易分心并变得沮丧。	任务完成； 专注任务行为。	教师同步提示； 重新定向和纠正反馈； 与学生设定目标或签订合同； 从扶到放； 提示（如语言、非语言、视觉提示卡或已完成的样品）； 强化菜单； 任务分析——完成作业连续的视觉步骤； 任务选择以满足学习目标； 环境调整——学生选择独立工作站或灵活的座位来减少干扰。	一人教学， 一人观察/ 选择教学
瑞恩在感知和处理视觉信息方面有困难。他经常在教师教学时和独立完成任务时找不到自己的位置，因此，他的阅读流畅度和数学理解能力受到了影响。 由于缺乏视觉运动能力和对细节的注意力，瑞恩在记笔记方面很困难。要求他写作时，他可能会拒绝，因为他认为写作任务太费时费力。	视觉处理、视觉整合； 阅读或推导数学方程时的跟踪； 视觉运动。	教学、示范、练习颜色编码或突出指导、关键词、符号； 口头演示伴随信息的视觉呈现； 使用彩色视觉跟踪书签； 使用计算机/文字处理系统； 使用辅助技术（如语音转文本的程序）； 复制笔记，使用图形组织者工具等。	一人教学， 一人观察/ 选择教学

五个创建协同教学学习环境的步骤

◆ **建立协同关系，开放地分享相关专业知识、教学理念、扮演的角色和承担的责任**

所有协同教师的角色：提供一个利于学生成长的、能够给予学生帮助的、积极的、高期望的学习环境，以此来让自己对学生更负责，提高教学热情和动力，并结合具有挑战性的内容和有效的教学策略来满足所有学生的需求。

通识教育教师的主要作用：掌握有关课程和内容的知识，根据课程目标安排课时计划，明确每堂课的教学目标，分析与教学相关的各类数据，为改进教学提供参考。

特殊教育工作者的主要角色：开发和监控个性化教育计划，分享有关特殊需要学生教育的知识和通识教育课程所需要的特殊设计的教学，确定将被整合到课程计划中的策略，并分析数据以指导教学。

英语教师的主要角色：使用广泛的差异化策略和技术来制订和提供课程计划，以实现与各个方面的沟通；发展学生听、说、读、写的能力，确保他们达到甚至超过学习目标的要求；让英语学习者能够有意义地学习课程。

◆ **确定协同教学课堂的教学步骤**

在协同教学的课堂上有许多教学步骤。协同教师必须讨论对每个执教者都很重要的步骤，如课堂导入、吸引学生注意力的信号、对学生进入和离开教室的状态、行动和过渡的预期。

◆ **创造有利于整合协同教学方法的环境**

协同教师必须平等地使用课堂空间和教学资源，并在课堂布置中发挥作用。课堂布置应该适合灵活的分组教学。

◆ **通过培养师生关系和生生关系建立课堂社区**

协同教师可以通过各种活动了解合作伙伴和学生，从而建立积极的课堂氛围。要确保共享优势，分享挑战、兴趣、沟通方式、环境需求、课堂和行为管理策略。

◆ **确定计划的过程，整合特别设计的教学需求，并使用数据来指导教学。**

协同教师必须决定什么时候进行规划，什么工具可以用于有效规划，以及如何使用两位教师的专业知识。

建立协同教学的伙伴关系

平等指的是地位上的平等或者物质上的平等，它表示在协同教学课堂中教师是公平分担责任的。从教学过程到给行为管理评分，责任和决策上的平等关系可以对工作关系产生正面影响。

平等协同教学评定表

项目	是	否
1. 我们共同制订课堂的教学步骤、日程安排和相关规定。		
2. 我们共同规划课堂布置。		
3. 我们在课堂中拥有相同的话语权。		
4. 我们都有各自指定的存放教学材料的地方。		
5. 我们都承担所有学生的教育责任。		

注意：填写完表格后，要对答案进行评估和反思，讨论出选项中“否”的解决方案。

表现协同教师伙伴关系的五个小建议

教师应该感到被尊重，他们对学生学习做出的贡献也应该被重视；因此，平等在协同教学中是至关重要的。

1．在办公室门上、来往信件上、发放资料上要列出教师的名字。

2．花时间一起规划、反思和评估教学内容。

3．确保每位教师在教学过程中都有领导的角色和同样的话语权。

4．一起聊聊对课堂的期望、教学步骤和日程安排，并且一起努力实施相应计划。

5．分享自己关于教学内容的知识和资料来满足所有学生的需要。

记住：你们的课堂需要仔细考虑到，学生、家长和同事都是把每一位教师看作平等的，是对所有学生学习负责的应该受到重视的参与者。

常见问题

通常在协同教学课堂中有多少名学生?

课堂规模会根据州和区的政策以及教学要求而变化。大多数课堂，有特殊需要的学生人数会占课堂总人数的15%～50%。

协同教师都会对学生的教育负责吗?

当然了！有两位教师的帮助，对学生是有好处的。

教学调整和教学改进的区别是什么?

教学调整（如何做）是对教学工具、策略和练习的调整，这些都能够让那些有特殊需要的学生获得、保留和展示自己对于教学内容的认识和理解。

教学改进（是什么）是对课程做出的重要的改变，这能够让学生在通识教育课堂中表现出色。二者有着不同的课程目标。

什么是特殊设计的教学?

特殊设计的教学意在满足学生特别的需求，这包括残疾学生和英语学习者的需求。

为残疾学生设计特殊教学时的考虑因素：

学生现阶段的表现水平。

评估缺陷的特点，如视觉运动障碍。

在教学内容、教学方法或者直接的内容呈现方式改变的基础上提供相应的课程。

经过精心设计（深思熟虑）之后进行记录并评估的教学。

为英语学习者设计特殊教学时的考虑因素：

学生现阶段的表现水平。

解释术语和想法时学生文化背景所带来的影响。

在学习英语的同时，开展能够使他们达到甚至超过课堂标准的教学。

协同教师的反思工具

有效的协同教学关系需要合作教师有时间来开展自我反思，如此才能持续进步。自我反思工具可以为教师提供一个开放讨论的场所。在大多数情况下，如果协同教师能够独立完成调研并且进行反思，那是最好的。

反思的最终目的是提升课堂教学的有效性。录像反思、同伴评价、学生反馈都可以作为开展课后反思的方法。在观看录像或其他观察记录时，协同教师可以用“我注意到……，我觉得……”这种形式来填写协同教学指南表格或者直接回应有关教学的问题。

在反思过程中可以探讨的问题：

- 协同教师有参与整节课吗？
- 是不是所有学生都明白教学使用的材料？
- 这节课的效果如何？
- 我们需要为学生整合特殊设计的教学吗？
- 我们选的材料有助于学生提高参与度吗？
- 我们有进行重要的评估来检验学生的理解程度吗？
- 我们要怎样调整课程安排来提高学生的成绩呢？

规划反思清单

一起规划来整合每位协同教师的专长是使教学更有效的基础，同时也能满足更多学生的需求。在决定哪些东西有效以及提升的步骤时，我们需要用到反思性表格。

问题	是	否
你花时间确定自己在每节课中所扮演的角色和所承担的责任了吗？		
你是否有特别安排用来规划的时间？		
在规划时是否就已经决定了协同教学要使用的方法？		
你是否主动地计划去整合特殊设计的教学需求？		
你是否一直运用规划基础六要素策略来为教学过程做准备？		

作者简介

苏珊·亨茨[1]

① 详见本书第 119 页相应介绍。

参考文献

Hentz, S. M., & Jones, P. M. (2011). *Collaborate smart: Practical strategies and tools for educators*. Arlington, VA: Council for Exceptional Children.

14 形成性评估学习周期

（THE FORMATIVE ASSESSMENT LEARNING CYCLE, 2017）

【美】苏珊·M. 布鲁克哈特（Susan M. Brookhart）
杰伊·麦克泰（Jay McTighe） 著

袁 博[①] 译

分享学习目标的 ***4*** 种策略

实施形成性评估的 ***18*** 种方法

分析反馈的 ***3*** 个步骤

① 南开大学翻译硕士，上海交通大学发展中心培训助理。

什么是形成性评估?

形成性评估（formative assessment）是一种主动的、有目的的学习过程，教师和学生都能够不断地、系统地收集学习证据，其目标是提高学生的学业表现（Moss & Brookhart, 2009, p.6）。

课堂评估有多种目的（McTighe, 2013）。形成性评估，或为了学习的评估（assessment for learning），是在学习过程中进行的，包括预先评估（pre-assessment）和持续性评估（ongoing assessment）。形成性评估有助于学生了解自己的学习进展情况，也能帮助教师规划教学方向。终结性评估，或学习的测评（assessment of learning），发生在学习之后，目的是评估和报告学生对学习目标的达成情况。然而，对评估的目的来说，真正的考验是如何使用评估。例如，如果对一组问题的书面回答进行评分和记录，那么这些回答将用于终结性评估。但是，如果教师就这些书面回答给学生提供具体的反馈，给学生修改作业的机会，那么，这些回答则用于形成性评估。

为了学习的形成性评估		学习的终结性评估
预先评估	持续性评估	
预先评估用于开始一个新学习主题之前。 ◇帮助学生形成概念，明晰将要学习的内容和已知知识。 ◇帮助教师确定学生的背景知识和经验，识别潜在的迷思概念。 ◇发现学生的兴趣。 ◇帮助教师计划和指导差异化教学。	持续性评估为学生和教师提供反馈，促进学业成绩和表现的提高。 ◇包括正式（如测验）和非正式（如学生学习时的观察）方法。 注：由于形成性评估的目的是为学生提供信息，因此形成性评估的结果一般不应用于评分。	终结性评估或评价性评估通常会使用比形成性评估更正式的方法。他们通常： ◇在单元、课程或学年结束时进行，以确定对知识的掌握程度或熟练程度，或确定学习目标的达成程度。 ◇获得分数或等级。
例如： 预测试、调查、技能考核、面试、讨论。	例如： 观察、口头提问、出门测卡、争抢游戏、作品集评论。	例如： 单元测试、表现性任务、期末考试、标准化考试、最佳作品集。

形成性学习周期

可用于学习证据采集的工具（例如，学生在白板上的回答或出门测卡）并不是定义形成性评估的工具。形成性评估是一个过程，是学习周期的一部分，最好用学生提出的一系列问题来描述。这些问题反映了一个形成性学习周期（Sadler, 1989）。

形成性评估在课堂上最有效，在课堂上，学习过程能够使学生：

- 理解将要学习的内容，理解评估学习的标准。
- 证明学习表现。
- 获取形成性反馈。
- 运用反馈提高学习质量。

形成性评估对学生和教师都有好处。对学生而言，形成性评估可以预览学习目标、激活背景知识、聚焦成功标准、提供持续反馈，从而帮助学生提高表现。对教师来说，从预先评估和持续性评估中收集到的信息可以使其了解学生的兴趣和首选的学习方式，使教师能够监控学生的学习过程，提供指导教学调整和差异化教学所需的反馈。

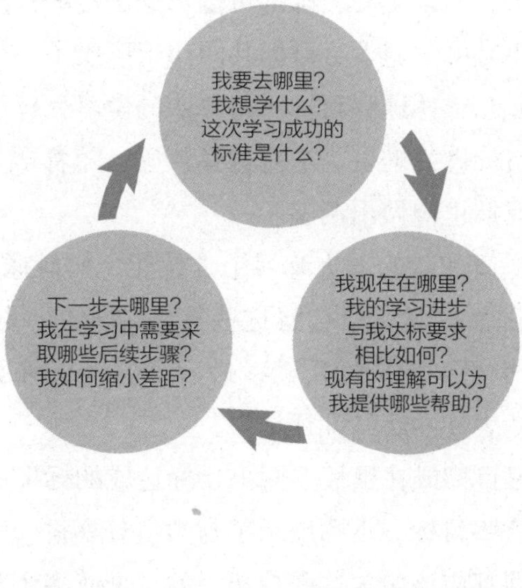

形成性学习周期的“终点”：学习目标和成功标准

为了实现形成性评估的有效性，学生需要清楚地了解长期（单元和课程）的基于标准的学习目标。学生也要知道最终会如何评估学习，理解评估其表现的标准。了解“最终”的学习目标能使学生更好地理解每一堂课的学习内容，从而达成目标。将学习目标与现实世界的问题或基本问题联系起来，可以帮助学生认识到，学习目标是为重要问题提供真正的解决方案和答案，而不仅仅是满足一个标准。

以一节课为基础的学习目标和相应的学习标准是以学生理解的语言描述学生将在这节课中学到什么，以及如何了解自己已经学到了什么。

这回答了学生在课堂上所面临的隐性问题：我今天为什么在这里？这节课我应该学什么？

学习目标不仅仅是口头陈述（例如，“今天，我们正在学习天气的锋面如何将两个不同密度的空气团分开”），还包括目标达成的标准（例如，“我知道何时能用自己的话解释天气系统中的锋面，何时可以在气象图上找到锋面的例子，何时使用这些信息预测天气”）。

当学生行动、制作、说出或写出能够证明他们理解的内容时（例如，绘制气象图），学习目标就寓于课堂之中——成为学生可以积极追求的目标。这一证据成为形成性评估的基础，使学生和教师都可以根据确定的标准评估学生的工作。

短期的、以一节课为单位的学习目标共同作用形成了一个学习轨迹，使学生能够达成较长期的单元和整体课程目标。每节课的学习目标都要遵循上一节课的目标，并为下一课的目标做好准备。沿着这条轨迹，随着学生的进步，学生的表现会变得更加复杂，反馈也应做出调整。

以体育运动为例：篮球队的学生练习个人技能（如运球、传球、罚球），从其表现中得到反馈；随后，学生学会将这些技能结合在一起，玩一场练习游戏（争球），并从教练那里得到形成性反馈；最后，学生与对手进行一场“真正”的比赛——这是对球队表现的终结性评估。

仅靠教师陈述学习目标或在黑板上写下目标达成的标准是不够的；学生通常需要一些帮助来理解这些目标。下图展示了与学生分享每一课学习目标和成功标准的实用技巧。每节课都应该包含这些技巧中的一个或多个。

与学生分享学习目标和成功标准的方法	
方法	描述
陈述	在黑板上写下“我能……”或“我们正在学习……”的陈述，与学生一起“剖析”这些陈述。请学生识别重要的术语和概念，并描述其已经了解的内容。
成功标准	使用标尺、清单或一系列“我的学习表明我现在可以……”的语句来指导学生在课堂上进行自我评估。
范例	向学生展示几个成功的作品和一两个不成功的作品。让学生分析作品，描述成功作品与不成功作品的区别。
理解能力强	确保教师在一节课中让学生做的、制作的、说出或写出的内容与学习目标高度一致。这样便可以从学生的表现中推断其学到了什么。学生的表现也为自我评估提供了证据。

为形成性评估做好准备：预先评估

预先评估技术是指在开始一个新主题或技能的教学之前使用的评估技术。在单元开始时，收集预先评估信息有助于设计满足学生当前需求的课程。

方法	描述
前测	对学生进行前测，检验学生关于关键事实和概念的背景知识。
调查	在学年开始或新单元开始时调查学生，以了解学生对所教主题的兴趣。
方法检验	让学生用目标技能或过程，使用清单或发展量表来证明其熟练程度。然后，学生可以使用清单或量表进行持续性的自我评估。
K-W-L	在引入一个新的主题或技能之前，在白板或纸上画出三列（K-W-L），询问学生关于这一主题或技能的**已知知识**（Know）（或自认为的已知知识）。然后，询问学生对于这一主题或技能**想知道什么**（Want to know）（或有什么问题）。以上分别记录在K列和W列。学生的回答经常揭示出对该主题的兴趣和潜在的“困境”，或者暴露了需要澄清的迷思概念。随着课程或单元的展开，学生总结**所学知识**（Learnings）并记录在L列。这就为学生提供了一个机会，可以回看并纠正最初可能在K列中记录的任何误解。
思维导图/概念地图	让学生创作一个可视化的思维导图或概念地图，展现关于一个主题或过程的元素或组成部分。这一方法可以有效地揭示学生是否在知识掌握上有差距，以及能在多大程度上看到一个主题或过程的组成部分之间的关系。

续表

方法	描述
检查迷思概念	向学生展示关于某个主题、概念、技能或过程的常见错误或可以预见的迷思概念。让他们找出错误或迷思概念，并解释为什么它是错误的或有缺陷的。迷思概念检查也可以采用对错测试的形式，学生必须表示同意或不同意某个陈述或例子，并解释他们的推理。
讨论	为了介绍一个主题并发现学生之前的背景、经历和兴趣，可以在准备好的开放式问题的基础上进行简短的课堂讨论。一定要访问各种各样的学生。

（McTighe, 2013, pp.167–169）

在预先评估后，教师为每节课设计一个教学单元，并设定试探性学习目标。教学计划应保持开放性和灵活性，可以根据正在进行的形成性评估收集到的信息进行修改。在每节课中，应与学生交流学习目标和成功标准，并在课程实施过程中经常进行回顾。

常见问题

我需要记录形成性评估的结果吗?

你不需要把形成性评估的结果作为分数记录在成绩单上。教师有时会记录（通过手工或使用软件）从形成性评估中获得的见解，还可以让学生记录自己的进步，例如，学生设定自己的目标，对目标的达成程度进行自我监控。

进行形成性评估的问题和进行终结性评估的问题有什么不同?

你不能从一个问题的措辞中判断它是用于形成性评估还是终结性评估。关键是你和学生如何利用从答案中获得的关于学生学习的见解。

我们学校采用的是“共同形成性评估”（common formative assessments）的季度测试。这与文中描述的形成性评估过程有什么关系?

在形成性学习周期的背景下，正如我们在前文中描述的那样，形成性评估是一个帮助学生和教师在学习过程中保持对预期学习目标的关注的过程。形成性评估不是一种工具或手段，所以“共同形成性评估”这个术语有点不太恰当。“学生成绩的共同指标”这个说法可能更准确。这些评估并不是学生形成性学习周期的内在评估，而是旨在帮助教师调整教学计划，有时是为了确保不同的教师对预期的学习结果达成一致。

形成性学习周期中的“检查点”：持续性形成性评估

当学生参与学习活动时，教师使用持续性形成性评估来进行对学生个体的知识、技能水平和理解程度的“脉搏检查”。虽然口头提问和观察是常用的监督学习的方法，但还有一些其他的可以检查个别学生学习情况的方法（Wiggins & McTighe, 2012）。

八种针对学生个体的持续性形成性评估方法

手势

要求学生做出一个指定的手势，以表明他们对一个特定的概念、原则或过程的理解。

- 竖大拇指：我理解________，可以做出解释。
- 大拇指向下：我还不明白________。
- 大拇指偏向一边：我对________不是很确定。
- 这是________的一个例子。（用大拇指向上表示同意，用大拇指向下表示不同意。）

白板

让学生在白板上写下答案，并举起白板。

进行预测：下一个数字应该是什么？

快速作文

定期让学生完成一篇一分钟短文，用于总结对给定主题的理解。拥有电子设备和社交网络平台账号的学生可以发一篇140字的短文！

思维导图/概念地图

要求学生创建一个思维导图或概念地图，展示主题或过程的元素或组成部分。这一方法揭示了学生对各要素之间关系的理解程度，可用于预先评估和持续性形成性评估。

彩色卡片或杯子

给学生三个交通信号灯颜色的塑料杯或卡片（绿色、黄色、红色），学生根据自己对知识的掌握程度，通过提问、提示、真–假选项等方式，举起卡片。如果学生把一个黄色或红色的杯子放在桌子上，则代表他们需要教师的帮助。

- 绿色=我确信自己的答案，可以做出解释。
- 黄色=我对自己的回答有点把握，但不确定能够做出解释。
- 红色=我不知道答案。

迷思概念检查

将特定概念、原则或过程的常见迷思概念或可预见的迷思概念展示给学生，问学生是否同意。学生可以用手势、白板、学生反应系统出示意见，或者将答案写在纸上。持续性形成性评估中使用的迷思概念检查与预先评估不同，因为它是持续性教学的一部分，要引导学生在学习过程中处理迷思概念。

提问箱/提问板

设立一个可以提问的地方（例如，问题箱、真实的或虚拟的公告板、电子邮件地址），学生可以在这里就他们不理解的事情提出问题。通常，这些问题是在一节课结束时提出的，并在下一节课中得到回答。这一方法适用于那些不愿意公开承认自己对某些知识不理解的学生。

每周来信

让学生给教师和家长写一封信，总结过去一周所学到的知识。学生要反思这一周的进步，并为下一周设定学习目标。

三种小组或全班持续性形成性评估方法

教师除了评估个别学生之外，还可以使用以下方法来评估整个班级或一组学生的一般学习情况。

学生反应系统（SRS）

使用应答器或手机应用程序让学生记录对问题的回答，其结果可以在教师的电脑上生成表格，为班级中的个人和小组提供即时反馈。

出门测卡

定期分发索引卡或纸片，要求学生在每节课结束或每周结束时匿名完成卡片。然后扫描卡片，发现问题（例如，我看到很多学生不理解这一概念，所以我必须要重教一遍）。

出门测卡有如下几种方式：

• 示例1：I.Q.卡

正面：基于对（单元主题）的研究，按照你的理解，总结出一个“大观念（big Idea）”。

反面：就你还没有完全理解的知识提出一个问题（Question）。

• 示例2：3-2-1总结

列出你学到的关于________的3件事。

列出2个关于________的例子或应用。

列出1个关于________的问题。

• 示例3：什么帮到了你？

正面：列出帮助你学习的因素。

反面：找出你认为很困难或者不适合你的因素。

• 示例4：联系、拓展、挑战

这和我的已有知识有什么联系？

这如何拓展我的思维？

这如何挑战我的思维？我有什么问题吗？

观察

在学生学习或回答问题时，进行仔细的观察。观察学生的作品。你注意到了什么？在便利贴上记录观察结果，并将类似的结果归类。关注学生的理解（例如，“他们是如何思考这一概念的？”）比关注正确性（例如，“他们做对了多少道题？”）更重要。在某些情况下，将你的观察建立在可观察的指标上可能是更有帮助的。

注意：一些学生（和教师）可能认为所有的评估都必须评分，这点我们并不同意。形成性评估不像终结性评估那样是评估性的，其目的是让教师和学生了解教学进展情况。因此，不应该评分。确保你的学生知晓形成性评估的结果不会计入最终成绩。

形成性学习周期的“指南针”：反馈

传奇美式橄榄球教练文斯·隆巴迪（Vince Lombardi）曾说过：“反馈是冠军的早餐。”确实，优秀的体育、戏剧和音乐教练都认识到持续的反馈是提高赛场和舞台表现的关键。优秀的教师也是如此！

分析反馈的三个步骤

反馈对教师和学生来说都是一个学习的机会。为了使反馈更有效，教师对学生作业的反馈应该基于相关的成功标准，以此来描述学生所取得的成绩，并提供一个或多个改进建议。

有三个步骤可以增加反馈的有效性。

1. 反馈信息应该具有一定的研究性质。
2. 反馈环节应该是学生和教师共同学习的环节。在一个反馈片段中，学生应该了解做得好的地方，并得到下一步学习的建议；教师应该了解学生在想什么，如果教师不了解学生的想法，就不能有效地指导学生后续的学习。
3. 学生必须有立即使用反馈的机会，通常是修改作业或进行额外的练习。

反馈分析指南	
关于有效反馈质量的问题 ◇反馈是描述性的吗？ ◇反馈是否及时？ ◇反馈包含的信息量是否恰当（不要太多，也不要太少）？ ◇反馈是否将学习内容与标准相匹配？ ◇反馈是否专注于学生的学习所得和/或过程？ ◇反馈是否是积极的、明确的（对学生来说）、具体的？ ◇反馈的语气是否暗示了学生是一个积极的学习者？	关于反馈对教学有效性的问题 ◇学生从反馈环节中学到了什么？ ◇教师从反馈环节中学到了什么？ ◇教师和学生对反馈采取了什么行动？ ◇学习有进步吗？

（Brookhart, 2017, p.5）

自我评估和同伴评估

有评估能力的学生知道自己要学习什么，并会调控自己的学习过程。事实上，形成性评估的一个关键目标是帮助学生越来越有能力对学习进行自我评估。学生每节课都应该至少有一些自我评估的机会，因为他们应该知道成功的标准，并应用于学习中。教师可以通过“出声思考”示范，使用清单和核对表等工具，让学生根据反馈进行反思和修改，从而提高学生的自我评估能力。

一开始，学生可能不知道如何准确地自我评估。然而，通过指导和示范，学生可以随着时间的推移提高自我评估的能力。当自我评估的指导与学习成功标准的指导紧密联系时，效果最佳。

教师还可以让学生参与同伴评估，学生与同伴交流学习，并根据成功标准给予/接受反馈。学生不仅会从反馈中受益，还可以借鉴其他人的学习成果，以及知道如何应用标准。要想取得成功，同伴评估应该在以学习为中心的课堂文化中进行，在课堂上，学生和教师的角色和责任是明确的。例如：

- 首先请你的同伴谈谈他的学习作品。
- 评判作品，而不是针对完成作品的人。
- 基于你确定的标准进行反馈。
- 描述一件你的同伴做得好的事情，并对下一步行动提出建议。

建立以学习为中心的课堂文化

有效的形成性评估是课堂文化不可或缺的一部分，课堂文化影响着形成性学习周期优势的发挥程度。以下内容描述了在课堂上营造学习氛围（而不是顺从的氛围）的策略。

在课堂上营造学习氛围的策略

与学生交谈时，使用以学习为中心和目标导向的语言（例如，“你想学什么?”“你在思考什么?”)，而不是与评价相关的语言或从教师主观出发的描述(例如，“这会在考试中考到”，或者“我想要的是……”)。

告诉学生犯错是学习的一部分。

向学生展示有益反馈的价值，并示范接受反馈的积极方式(例如，不要产生防御性；问一些澄清性问题来帮助你理解)。

为学生提供时间并表达期望，使其根据反馈来完善思维、改进作品、练习一项技能或寻求额外的信息。

教学生进行自我评估，模拟这一评估过程(例如，“我认为上节课上得不太好，但我有一个想法，可用于下次改进”)。

用这些问题鼓励自我评估、反思和设定目标(Wiggins & McTighe, 2004):

- 关于________，你真正了解什么?
- 关于________，你还有哪些问题/不确定因素?
- 在________里什么最有效/最无效?
- 如何改进________?
- 下次你会有什么不同的做法?
- 你最自豪的是什么?
- 你最失望的是什么?
- 对你来说________有多难?
- 你在________方面的优点/缺点是什么?
- 你得到什么等级/多少分?为什么?
- 你所学到的与其他知识有什么联系?
- 你所学的知识是如何改变你的思维的?
- 你所学到的与现在和未来有什么关系?
- 需要进行哪些后续学习?

结语

形成性评估是在形成性学习周期内进行的。形成性评估有助于学生的学习和教师教学，但需满足以下两个条件。

1. 学生必须努力学习一些知识。这就是“形成性”部分。

2. 关于形成性学习周期的各方面信息—学习目标、学生的现状和下一步学习任务—应建立在清晰的、高质量的学习证据的基础上。这就是“评估”的部分。

我们用许多策略和方法建议来说明形成性评估的过程，但这只是例子。你和学生可能会创造其他方法，来支持学生和教师在课堂上践行形成性学习周期。对有效形成性评估的测试不是使用特定的策略，而是学生和教师一起收集和解释学习的证据，并让这些信息发挥作用。

作者简介

苏珊·M. 布鲁克哈特（Suan M. Brookhart）博士是美国蒙大拿州海伦娜市一位独立教育咨询师，也是杜肯大学教育学院的名誉教授。她曾于2007年任《教育测量：问题与实践》（*Educational Measurement*：*Issues and Practice*）刊物的主编，现在是《教育应用测量》（*Applied Measurement in Education*）刊物副主编。她针对课堂评估、教师专业发展及评价撰写了17本书、70余篇文章，其中就包括ASCD出版的《如何编制和使用量规——面向形成性评估与评分》（*How to Create and Use Rubrics for Formative Assessment and Grading*）一书。布鲁克哈特参与了多本杂志的编辑工作，且服务于多个国家咨询小组。

杰伊 · 麦克泰[①]

参考文献

1. Brookhart, S. M. (2017). *How to give effective feedback to your students* (2nd ed.). Alexandria, VA: ASCD.
2. McTighe, J. (2013). *Core learning: Assessing what matters most.* Provo, UT: School Improvement Network.
3. Moss, C. M., & Brookhart, S. M. (2009). *Advancing formative assessment in every classroom: A guide for instructional leaders.* Alexandria, VA: ASCD.
4. Moss, C. M., & Brookhart, S. M. (2012). *Learning targets: Helping students aim for understanding in today's lesson.* Alexandria, VA: ASCD.
5. Sadler, D. R. (1989). Formative assessment and the design of instructional systems. *Instructional Science, 18*, 119–144.
6. Wiggins, G., & McTighe, J. (2012). *The understanding by design guide to advanced concepts in creating and reviewing units.* Alexandria, VA: ASCD.
7. Wiggins, G., & McTighe, J. (2004). *The understanding by design professional development workbook.* Alexandria, VA: ASCD.

① 详见本书第 46 页相应介绍。

15 编制形成性评估量规

（RUBRICS FOR FORMATIVE ASSESSMENT AND GRADING, 2017）

[美] 苏珊 · M. 布鲁克哈特（Susan M. Brookhart） 著

杭 秀[1] 译

4 大量规类型

7 大使用策略

4 类常见问题

---

① 浙江大学教育学硕士，上海民办华曜宝山实验学校教师。

什么是量规?

量规是针对学生学习所制定的一组具有连贯性的标准，其中标准的各个层级分别对应不同的表现水平。

（Brookhart, 2013, p.4）

量规的用途

评估复杂表现。

帮助学生进行自我评估。

为教师提供指向学习目标的反馈。

量规的优势

与其他评估工具相比，量规除了提供不同的标准层级外，还包含各层级所对应的具体表现水平。

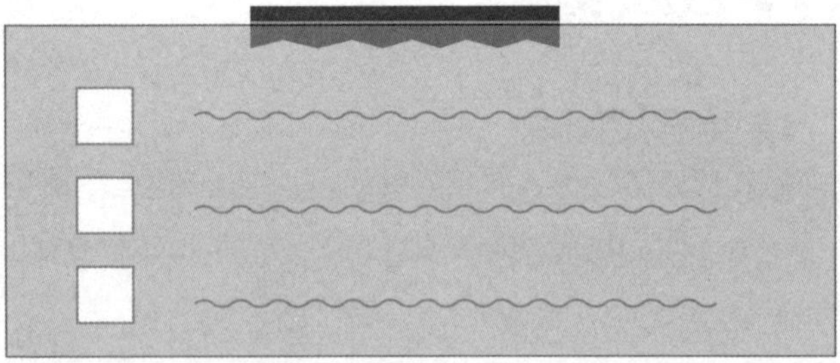

从检查表中仅能看出某项标准达成与否。

检查表不会对各标准层级的具体内容展开描述。

检查表适用于任务中的各种指示（如包含标题和目录）或者简单表现（如首字母大写、句末加标点等）的评估工作。

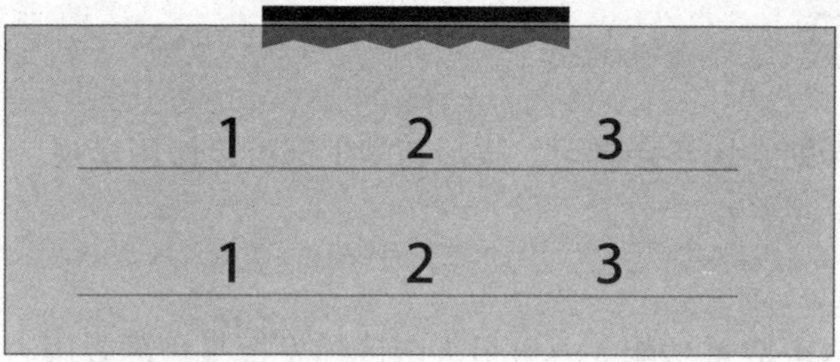

等级量表中通常包含评价等级（例如优秀、良好、及格、不及格）或者频度等级（例如经常、一般、偶尔、从不）。

虽然等级量表对标准层级做出了区分，但无法从中获知各标准所对应的行为表现，亦不能对评价依据做出解释，例如，学生表现“良好”，但好在哪个方面无法得知。

等级量表在课堂上的使用范围较为有限。其中频度量表适用于行为及表现评估（如做好课前准备工作：经常、一般、偶尔、从不）。

与检查表及等级量表相比，量规的优势在于能够同时呈现不同的标准层级以及各层级所对应的具体表现。两者虽为必要组成，但是具体组合形式却可以不拘一格。

量规的模板

在下表的解析型量规中，行代表标准层级，列代表各层级的具体行为表现。行与列的内容可以互换。甚至可以不用表格，直接将具体行为描述陈列于相应标准层级之下。

	突出	熟练	初级	入门
标准示例	有关突出层级的表现描述。	有关熟练层级的表现描述。	有关初级水平的表现描述。	有关入门级别的表现描述。

量规的重要性

量规可以帮助学生学会学习。教师和学生都可以使用量规。

- 提供形成性反馈。
- 评分。

综合利用以上双重功能，方可最大限度地发挥量规的效用。如果只用量规进行评分，不能不说是一种遗憾。

量规将优秀作业的标准及具体内容结合起来，更方便学生操作。研究表明，这种做法对于促进学生学习大有裨益。量规用简易常规的方式为学生理解学习标准提供了一种实用模板。

你问我答

问：学生平日里的所有表现都需要用量规进行评估吗?

答：不需要。量规尤其适用于评估学生在完成复杂作业、项目或者能力不断进阶的技能发展（例如，写作）过程中的表现。

量规的特征

依据标准的切分方法，量规可分为“解析型量规”和“整体型量规”；依据其适用范围，可分为“一般量规”与“具体任务量规”。

特征	定义	优劣势
解析型	针对每项标准进行单独评估	**优势：**可依据各项标准所提供的信息进行反馈。 **劣势：**与整体型量规相比，更加耗时。
整体型	综合所有标准同时进行评估	**优势：**决策项少，因此评分更加迅速。 **劣势：**不利于提供反馈。
一般	可适用于多个同类任务	**优势：**可用于向学生公布学习目标。 **劣势：**需进行大量练习才能熟练使用。
具体任务	仅适用于特定任务	**优势：**与一般量规相比，内容更加具体，使用更方便。 **劣势：**无法与学生共享量规内容；每项任务都需单独设计量规。

四种量规类型

①	②	③	④
解析型一般量规能够分别针对各项标准展开评估，且适用于多项同类任务。 **使用时机：** 适用于形成性评估及评分。	**解析型具体任务量规**能够分别针对各项标准展开评估，但只适用于特定任务。 **使用时机：** 可用于评分，但推荐指数不高。	**整体型一般量规**会综合所有标准同时进行评估，且适用于多项同类任务。 **使用时机：** 可用于简单技能的评估。	**整体型具体任务量规**会综合所有标准同时进行评估，但只适用于特定任务。 **使用时机：** 适用于学生无法从评分中获取反馈信息，或没有学生进步的机会。

什么是有效量规？

首先，有效量规能够清楚阐述学习标准，以供教师和学生参考。其次，标准合理、简洁、实用，且会对各项标准层级下的学生表现展开描述，保证教与学工作顺利开展。

课堂量规标准的必备特征

量规标准应有利于课堂学习，能够同时适用于形成性评估及终结性评估（评分）。

特征（标准）	说明
合适的	每条标准分别代表课程目标、教学目标或学习内容的某个方面。
可界定的	每条标准都内容清晰、无歧义。
易于观察的	各项标准所描述的内容既可以为表现者本人亦可以为旁人所观察到（看到或听到）。
相互区别的	所有标准都是相互独立的，分别对应待评估的众多学习表现中的一个方面。
完整的	所有标准整合起来即为待评估的所有学习表现。
连续的	各项标准按照连续的质量等级排列。
当“标准”（criteria）作为“学习要求”（learning standards）使用时，代表学生需要完成的学习内容（to learn）而非学习任务（to do）。	

（Brookhart, 2013, p.25）

常见误区

许多教育者认为，量规应当包含对具体任务的指导（例如，报告须有标题页、书写要工整、要提供三张图片等）。但这些任务的指导应该作为学生的检查表，不属于用于反馈或给等级的量规的适用范围。原因很简单：这样的量规对学生具有误导性，且有误评的可能。

学生若完全按照指示操作，其学习水平只能停留在浅层。应代之以行为或学习习惯反馈，而非提供下一阶段的学习步骤建议。为此，教师需要收集能够反映学生知识和能力的学习或任务表现。简言之，有效的标准应涉及学习本身，而非表面特征。

量规布局

切记：在进行量规布局时，可以按照左低右高的等级序列，从较低等级进阶到较高等级。而“量规模板”中左高右低的排列方式，则是为了凸显理想的表现水平（即“突出”层级），更好地诠释标准内涵，呈现预期行为。

你问我答

问：如何依据解析型量规得出整体的任务评分？

答：具体方法可依据评分类型而定。

如果需进行等级评定（如A、B、C……；突出、熟练……），可以综合各项标准的评估结果拟定一个平均值。若当中某些标准较为重要，可以给它们加权重（例如，计算两次）。

如果你采用百分制评分，所有的标准加起来至少要有20分，那么，你可以把每项标准的分数加起来计算，然后除以标准的总数。但这种方法推荐指数较低，因为评估结果不够精确。为此，也可以考虑采用加权法（例如，将某项重要标准的分数计两次）。

表现层级描述

标准确定好之后，便可以着手制订各层级所对应的具体表现。

课堂量规表现层级描述的必要特征

表现层级描述既要有利于提供形成性反馈，又要有利于保证评分的价值，还要能够帮助学生理解标准的内涵。

特征（表现层级描述）	说明
描述性的	◇以观察到的学生作业或任务质量（例如论据）为依据，而非数量（例如写出三条理由）。 ◇尽可能告知学生学习目标，而非提供与学习无关的信息。
清晰的	教师和学生都能够看懂各层级描述的内容。
涵盖所有表现的	要同时对两大极端表现以及中间水平进行界定。
具有层级区分性的	各层级间的描述应具有可区分性，师生可以直接“对号入座”，且学生的各项表现均能与各层级描述匹配起来。
以适当的层级作为目标表现（尚可、精通、及格）	将有关大纲、课程目标以及/或课堂目标的描述作为该量规的预期目标。
逐层进行描述	特定标准的各个层级应针对同一方面的不同表现水平展开描述。

（Brookhart, 2013, p.28）

有关表现层级的数量

其实只要设置的层级数能够对标准进行完整清晰的区分即可。但在实际操作中，表现层级的数量往往取决于等级评定的数量（例如，A、B、C、D或者突出、熟练、入门、新手）。当然，这并不绝对，如果标准层级的数量多于或少于评定等级，则可以设置其他赋分方式，只是稍麻烦一些而已。

有关层级的命名

有时会与待评定的等级名称一致。

有时会用数字表示（例如，1、2、3、4）。

有时会使用在学生中较受欢迎的语言（例如，真牛、差一点就圆满了、加油）。

有关量规的改编与定制

就一般性学习目标而言，最好是在现有量规的基础上，先评估其匹配程度，然后再进行改编。没必要闭门造车，但亦不可盲目全盘接受，必要时仍需根据具体需求对内容和格式进行调整。要知道互联网上或其他地方的一些资源并不靠谱。

量规评定三部曲

1. 检查各项标准，使其与学生的学习目标以及教师的教学目标相匹配。还要确保标准描述的是学习质量，而非学习指南或任务要求。

2. 根据标准是否有助于实现你的目标，决定是否对该量规进行改编或者是否使用该量规。如果实在不合适，便重新寻找或者自己编制量规。

3. 改编量规语言及层级描述，使其贴合新的要求、呈现期望的特征及水平描述。

如何使用量规?

量规的最大优势是能够整合形成性评估与终结性评估，帮助学生开展自我评估。当然前提是，该量规得聚焦学习质量而非任务要求。如果仅以表格形式给学生罗列出操作指南或者数量要求（例如，少于三处错误、至少两幅图片），却不提供质量标准（例如，可读性、相关性），学生就不会取得好的学习效果。因为这种方法并不是以学习为中心的，而是强调按部就班的学习方式。

七大使用策略

如果你曾有失败的量规使用经历，相信下面的策略将会对你很有帮助。

在学习任务开始前使用的策略

策略1：引导学生提出与量规有关的问题

将量规打印出来并分发给学生。如果学生有不理解的地方，可以提问。

策略2：让学生用自己的话对量规进行复述

将量规打印出来并分发给学生。让学生对其中一项或多项标准的层级描述进行改写。这是对学生综合能力的考查，从中可以看出学生对其中各项标准的理解水平。

策略3：让学生对作品样例进行分类，并陈述理由

不要提前向学生透露量规内容。给他们一些有好有差的匿名的学生作业，然后请他们以小组合作的方式对这些作业进行分类：优秀、中等和较差。最后让他们讨论分类依据。通过归纳法帮助学生强化对成功标准的理解。

策略4：师生共建量规

策略4其实是策略3的续集，这时学生对于学习目标已经有了初步理解，准备进入下一阶段的学习。首先引导学生对策略3中的分类标准进行精炼，并将讨论结果整理出来（例如，写在卡片上或者制作头脑风暴单）。然后开展小组评估和

去重，确保标准与学习任务相关并且具有描述性。这时，你可以选择终止讨论，直接为学生提供各表现层级的描述。亦可以让学生自己编制具体的标准，但这种情况仅适用于时间充足且该量规会反复投入使用的时候。

在学习任务开展后使用的策略

策略5：要求学生使用量规开展自评或他评，并陈述理由

提供量规并让学生进行自评。这种方式虽对新手来说很友好，但教师仍要示范使用过程，不能寄希望于学生无师自通。若该活动是以小组的形式开展的，则要注意加强小组协作，而非组员互评，整个过程应具有描述性质，且结果以反馈和结论的方式呈现，而非同伴“评等”或同伴评价。

策略6：引导学生使用荧光笔将标准内容与实际表现匹配起来

该策略是策略5的一个特例。在评估书面作业时，可让学生分别使用不同颜色的荧光笔将各项标准的层级描述与作业中的具体内容匹配起来，以直观地呈现量规与所评估的对象之间的对应关系。例如，其中有一项标准是：文章要有说服力，做到“观点清晰”。学生可以先圈出该短语，然后用同色荧光笔在自己认为符合该标准的地方做记号。

策略7：教授学生使用量规记录自己的学习过程

随着学习目标的不断发展变化，教师需要指导学生以图或表的形式来描绘自身在特定标准方面的达成情况。该策略能够教会学生管理各类学习反馈，锻炼学生的学习自主性。例如，学生在交流数学问题时，总会遇到推理瓶颈、思路不清、用语不当等问题。如果他们每周都使用同一份量规，那么便可以将几周的量规内容综合起来制作一张有关数学解题能力进阶的图表。

你问我答

各表现层级有固定的排列方式吗?

排列方式固定与否关系不大。但若将表现层级按由高到低的顺序排列，使最高水平处于紧靠标准名目的位置，会更有助于学生掌握各层级水平所对应的理想表现。

为何不将任务说明以及格式标准也列入量规?

如此的话，评分结果既包含了学习成就，又涉及有关行为和学习习惯（遵照指示），这并不可取。量规评分应只涉及学习过程及成果。但是，当前的量规多数仍是指令型的，给家长及学生造成很多误解。教师需要教会学生运用各类学习策略，而非将其作为评分内容。

有关创造力的解析型量规示例

这是一版适用于形成性评估的解析型一般量规。各种标准以及表现层级描述可以帮助学生理解何为“学习创造力”。

	极具创造性	有创造性	一般 / 常规	模仿
观点的深度和质量	内容参考了众多文献，或涉及多领域的学科知识。	内容参考了一些重要文献，或涉及一些领域的学科知识。	内容是基于相同或相近的学科知识。	内容贫乏，没能反映出有价值的信息。
资源的多样性	能够利用包括文本、媒体、人脉以及个人经历在内的广大资源。	能够利用包括文本、媒体、人脉以及个人经历在内的一些资源。	使用了有限的文本、媒体等资源。	信息来源单一，或者不够权威。
观点的组织与整合	在做题、解惑以及创作过程中展现出原创性和独特性。	在做题、解惑以及创作过程中展现出原创性。	在他人思维的基础上形成自己的观点（例如，基于被咨询对象的观点）。	观点仅为涉及观点的重新表述。
成果的原创性	能够发现新问题、明确新目标，创作成果有趣、新颖，且富有成效。	能够就指定目标展开创作（例如做题或解惑），创作成果有趣、新颖，且富有成效。	能够就指定目标展开创作（例如做题或解惑）。	无法实现既定目标（例如做题或解惑）。

作者简介

苏珊 · M. 布鲁克哈特[①]

参考文献

Brookhart, S. M. (2013). *How to create and use rubrics for formative assessment and grading*. Alexandria, VA: ASCD.

① 详见本书第 201 页相应介绍。

16 实现评估、课程和教学的一致性

（HOW TO ALIGN ASSESSMENT TO CURRICULUM AND INSTRUCTION, 2018）

斯特朗教育咨询公司（Stronge & Associates） 著

袁 博 译

一致性的 *3* 个步骤

一致性评估的 *4* 项任务

8 个指导性问题

一致性的价值

评估、课程和教学的一致性实践对有效教学至关重要，这种实践提醒我们评估应与学生的学习紧密结合，因为学生的学习收获来自课程和教学。

关于这方面的研究成果[①]

教师将大量的时间花在了与评估相关的活动上，包括评分、形成性评估和考试。因此，如果评估不能促进学习提升或教学改进，评估的价值就没有得到充分利用（Chappuis, Stiggins, Chappuis & Arter, 2012）。

具有扎实的评估能力的教师能确保充分评估所教授的主题，同时确保其所做的评估对学生来说具有适当的认知加工水平或难度水平（DiDonato-Barnes, Fives & Krause, 2014）。

如果课程、教学和评估三要素共同促使教学内容与评估内容一致，学生将有机会真正学习并展示学习成果（Martone & Sireci, 2009）。

教育实践需要课程、教学和评估相一致。这意味着三要素目标一致，相互补充，而不是相互矛盾（Pellegrino, 2006）。

教师在确保一致性方面发挥着重要作用。评估、标准、学习目标和教学策略对学生取得学习成果必不可少；然而，每一方面都是由不同层次的教育结构决定的。教师需要经常促进不同要素发挥的功能在课堂层面上实现统一（Martone & Sireci, 2009）。

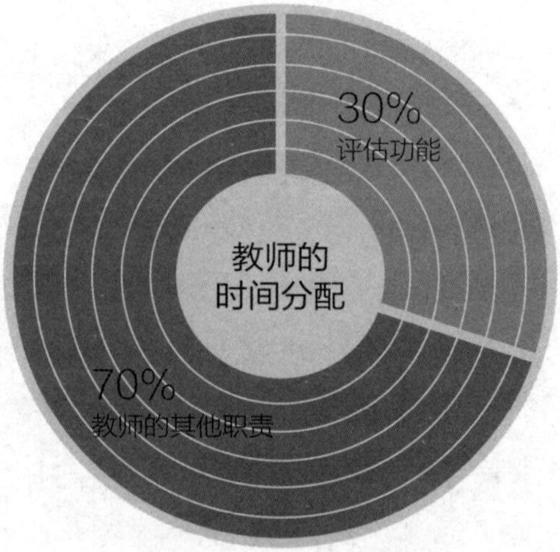

（Chappuis, Stiggins, Chappuis & Arter, 2012）

最有效的评估是教师预先列出了期望学生达到的目标，包括基本知识目标和技能目标，并以此为基础进行评估（Darling-Hammond, Herman, Pellegrino, et al., 2013）。

---

① 注：这部分研究用于推导本论文中描述的实际应用。

教师能力的提高对学生成绩的预测效应

确保评估、课程和教学的一致性是教师改进评估实践的路径之一。研究表明，教师的评估能力从50%提高到84%，学生的学习成绩将从50%提高到60%（Marzano, 2006）。

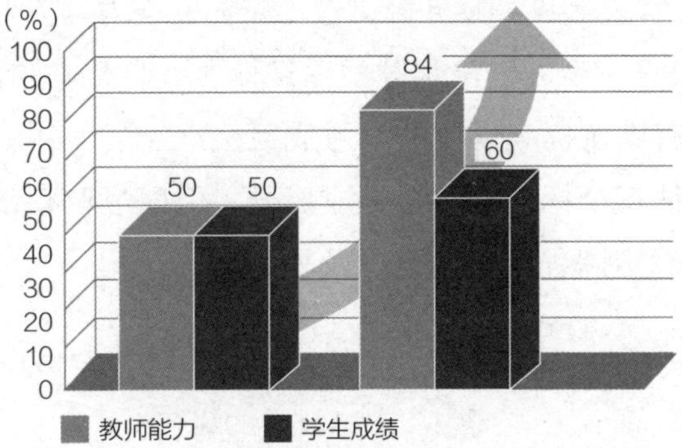

一致性：关键要素

评估应尽可能与学生的学习保持一致，而学生的学习也应来自课程和教学。对学生的测试应基于国家或当地课程标准的要求和所教授的内容。

创建基于标准的单元评估任务

任务1：确定评估标准。

任务2：解析标准，确定学生的必备知识（如基本概念和理解）与能力（如技能）。

任务3：基于学生展示的特定知识、理解和技能来设计评估。

任务4：制订成功的标准（如量规），确定学生的预期学业表现水平，并定义何种情况视为掌握知识。

三个步骤确保评估、课程和教学的一致性

一致性是确保学生学业表现的关键组成部分，做到以下情况有助于这三者实现一致性。

1. 当教师思考课程并设定学习目标时，学生所获得的知识或技能与课程目标相一致。

2. 选择教学策略来达成一致性时，教学策略就会与学习目标和课程相一致。

3. 使评估与课程一致时，默认与学习目标和教学策略相一致。

一致性的结果有助于提高学生的学习成绩。

虽然不可能评估每个标准的每个组成部分，但通过调整学习目标、教学策略和评估，教师可以确定课程评估的范围及程度。

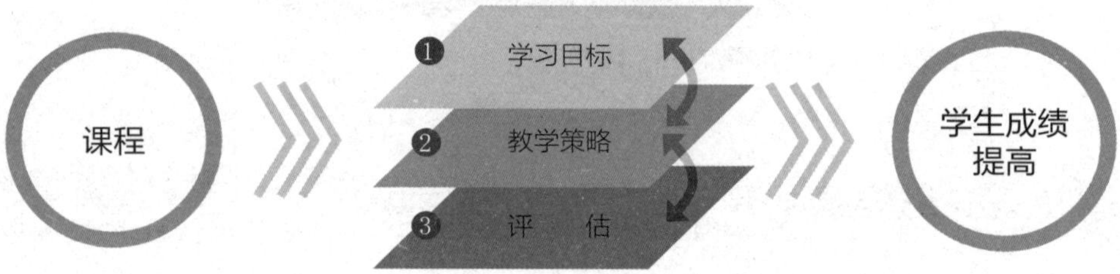

术语

逆向设计（Backward design）：以终为始这一概念是由威金斯和麦克泰（Wiggins & McTighe, 2005）在教育领域推广开来的。换句话说，即先考虑预期的学习结果，再决定如何评估学习过程，最后规划学习活动。

认知水平（Cognitive levels）：即学习新知识的深度，常用布卢姆教育目标分类法或韦伯的知识深度模型来描述。

内容精准（Content rigor）：学生对与主题相关的内容的认知理解水平。

持久性理解（Enduring understandings）：学生对重要的过程和思想的理解是一门学科的核心，在课堂之外具有持久的价值。

基本问题（Essential questions）：旨在激发探究、启发思考，生成与主题

的丰富性和复杂性相关的附加问题。

学习目标（Learning goal）：在一节课或一个单元结束时，学生所获得的知识和技能。

（评估的）信度（Reliability）：评估结果的一致。

（评估的）效度（Validity）：评估衡量的是教学目标所设定的内容。评估的效度是信度的基础。

一致性实施

与标准内容一致+与认知水平一致=一致性评估

解析标准

与标准内容一致

每项评估是否与计划要教授和衡量的标准内容一致？确定学生在课程中必须知道或能够掌握的内容或技能。如果当地课程标准规定“学生必须能够比较和对比第一次世界大战和第二次世界大战结束时英国的社会经济状况”，那么评估的内容就是两次世界大战结束时英国的社会经济状况。

与认知水平一致

每项评估是否与计划要教授和衡量的标准的认知水平一致？使用布卢姆的教育目标分类法或韦伯的知识深度模型来确定每个标准的认知水平。在上个例子中，学生必须能够比较和对比，这是布卢姆教育目标分类法的分析层面，也是韦伯知识深度模型的技能和概念层面。

标注内容与评估的一致性

对于每个学习目标：（1）在内容下面画线；（2）圈出关于认知水平的信息词；（3）将该词归类为布卢姆的六个认知水平或韦伯的四个认知水平之一。示例如下：

学生必须能够比较和对比第一次世界大战和第二次世界大战结束时英国的社会经济状况。

比较和对比的分类：分析（布卢姆）；技能和概念（韦伯）

布卢姆教育目标分类法修订版（Anderson & Krathwohl, 2001）

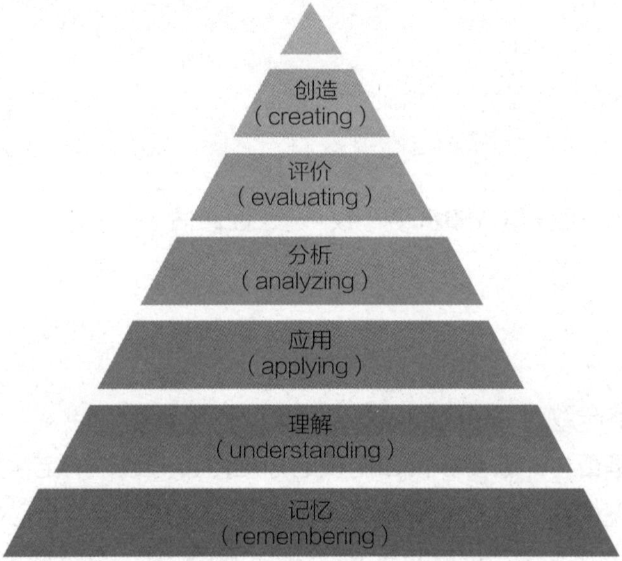

水平	与水平有关的动词	示例
创造	集合、组合、撰写、构建、设计、开发、策划、构想、生成、规划、建立、综合、讲述、写作	创作一个镶嵌作品。
评价	评判、说服、评定、关联、选取、总结、辩护、鉴别、评估、判断、证明、演绎、评级、支持	为你关于全民医疗保健的观点而辩护。
分析	分解、计算、分类、比较、对比、图示、区别、辨别、检验、推理、建模、提问、测试	比较和对比三种主要的岩石。
应用	改变、选择、推断、演示、使用、说明、诠释、操作、修改、练习、准备、展示、概述、解决、运用	说明蒸发的过程。
理解	分类、转换、辩护、描述、讨论、区分、估计、解释、举例、鉴定、定位、转述、预测、概括	概括剧中的情节。
记忆	排列、定义、描述、复制、识别、标记、列举、匹配、记忆、命名、排序、回忆、叙述、认出、重复、选择、陈述	列举欧洲的五条主要河流。

韦伯的知识深度（Webb, 2010）

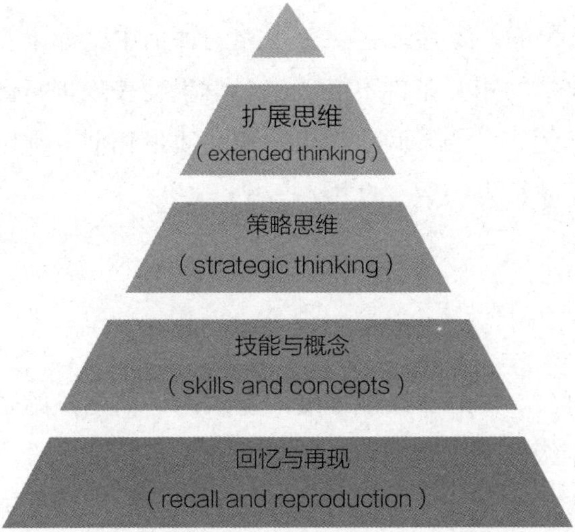

水平	与水平有关的动词	示例
扩展思维	分析、应用概念、撰写、连接、创造、批判、辩护、设计、衡量、评判、提议、支持、综合	设计流程图来说明过程。
策略思维	评估、评判、引用证据、评论、展开逻辑论证、区别、得出结论、用概念解释现象、构想、假设、调查、修改、使用概念解决非常规问题	评论这本书的情节。
技能与概念	应用、分类、确定因果关系、收集和展示、比较、区分、判断、运用图表、识别模式、推断、解释、观察、调整、组织、预测、关联、描绘、展示、解决、总结、使用上下文线索	运用图表来表示调查结果。
回忆与再现	排列、计算、定义、绘制、识别、列举、记忆、标记、说明、匹配、测量、引用、识别、重复、回忆、背诵、制表、使用、识别人物—事件—时间—地点—原因	计算房间的面积。

信度和效度

为了使评估与课程和教学相一致，评估必须是可靠的、有效的。否则，教师就不知道学生是否掌握了课程中所教授的知识。

信度

信度是指评估结果的一致性。在一个可靠的评估中，如果教师使用完全相同的评估过程（假设评估的相关条件不变）来对学生的表现进行评估和评分，则将会得出相似的结果。例如，如果两个学生的作品质量相似，那么上午评分的作品应该与下午评分的作品结果一致。

效度

效度是指评估和教与学的一致性程度。有效的评估测试的是其计划评估的内容。例如，使用10年级的词汇进行6年级的数学测试是无效的，因为这只能测试学生是否具备10年级的阅读水平，而不能测试学生是否理解6年级的数学概念。测试必须是可靠的，才能是有效的。

信度与效度的关系

确保效度

正如威金斯和麦克泰（Wiggins & McTighe, 2005; 2011）在《理解为先设计》（*Understanding by Design*）中所说的那样，为了确保评估与学习目标和教学相一致，“以终为始”是有意义的。使用逆向设计有助于确保评估的效度。经历了逆向设计的三个阶段，教师可以确保自己不会遇到像如下情境1中布朗先生所面临的问题。

我们为什么要关心效度?

因为教师30%的时间都用于做与评估相关的工作，所以确保评估能提供关于学生表现的有效信息和反馈至关重要。如果评估无效，那么教师就不知道学生是否完成了既定的学习目标。评估下面的情境，判断效度是如何影响教师和学生的。

情境1　该评估是否有效地衡量了学生的理解?

布朗先生所教的三年级的班级刚刚完成了古罗马单元的学习，并进行了单元笔试。当布朗先生阅卷时，他注意到75%的学生第六题都错了。当他回顾考试时，他发现第六题考查的是课堂上没有涉及的内容。这个问题是对学生知识的有效评估吗?

否。这个问题并不能清楚地说明学生对第六题中所评估的概念的理解，因为教师并没有教过这一概念。使用这道题来评估学生可能对学生个人（降低学生的考试分数）和教师（教师辨别不出哪些学生理解了这个概念）都不利。当布朗先生为教学单元制订未来的教学计划时，应该确保评估涵盖了单元中所有的学习目标，并且课堂教学也遵循了这些目标。

情境2　我们有办法来确定学生学到了什么吗?

凯特曼女士教授幼儿园课程。学校要求提供学生的学习证明材料来替代学生成绩单，证明材料至少包括三项（不同格式），用以证明学生已经达到或超过了相应的学习目标。其中一条学习目标：学生将创造图案，凯特曼女士收集各种形式的数据。针对这条目标，凯特曼女士可以做以下的事情。

在圆圈教学中，当詹姆斯用可拼插的方块积木（Unifix Cubes）搭建了一个图案时，凯特曼女士拍了一张照片，问詹姆斯："你选择搭建什么?"他回答说："我创造了一个先红后绿再红再绿的图案……"凯特曼女士记下了他的回答，并将他的口头回答与照片配在一起。

在阅读过程中，詹姆斯举起手，指着书中的一幅珊瑚蛇的图片说："这是一种图案。"凯特曼女士在他的作品集中写了一段轶事笔记。

在艺术创作中，詹姆斯用颜料在纸上画出条纹图案。凯特曼女士保留了这幅画，并将其收入到詹姆斯的作品集中。

在本学期结束时，凯特曼女士可以拿出证据证明詹姆斯达到了学习目标。她对詹姆斯表现的评估是有效且可靠的，因为詹姆斯以各种方式展示了他对图案的理解。

通过逆向设计确保效度（Wiggins & McTighe, 2005；2011）

阶段一：明确预期结果

在开始一个单元的学习之前，先确定学习目标——学生的知识目标和能力目标。

我已经确定了与这一单元相关的持久性理解内容。

我已经从纵向和横向的角度将这些理解内容联系了起来，确保完全一致。

我提出了一些基本问题来引导学生达成持久性理解。

我已经确保持久性理解和基本问题的内容及严谨性与现有的标准一致。

阶段二：确定评估证据

在确定期望的结果后，决定学生要提供什么证据来证明自己已经达到了预期的学习目标。

我已经发现或研发了一些评估方式，在内容和精准度上都与我确定的持久性理解和基本问题相一致。

我已经考查了所有可能的评估方式，以确定哪一种评估方式最适合持久性理解和基本问题。

通过查看学生对此评估方式的反应，我可以确定学生是否知道并理解这个概念。

我发现或研发了一个有效且可靠的评估方式。

阶段三：规划教学过程

一旦确定了学习目标和可接受的证据，就要确定最合适的教学活动，以推动学生实现这些目标，并培养其成功展示知识的能力。最重要的是让学习体验变得有趣、有效，同时确保与学习目标和评估保持一致。

我有不同的安排来支持不同水平的学生，帮助其学习新知识。

在初始教学之后，我有一个恰当的过程让学生过渡到独立学习。

我选择了适合学生学习需要的活动，包括适当的内容与认知水平。

我选择了吸引人的活动。

我已经为所有的学生提供了完成评估所需的知识和技能。

为什么持久性理解很重要？

持久性理解很重要，因为教师在学校的时间和所拥有的资源是有限的，所以需要专注于基本的技能和知识。

持久性理解示例	基本问题示例
优秀的作家会使用精确的、描述性的词语和变化的句子结构来使表达更加清晰。	如何奠定文章基调来支持写作目的？

（Stronge & Associates, 2013）

效度的类型

表面效度：凭经验来看，评估是否考查了其想要考查的内容？

结构效度：评估是否考查了其计划考查的结构？

标准效度：当评估同一项知识或技能时，学生在一项评估中的表现与其在另一项评估中的表现是否一致？（示例请参见情境2。）

内容效度：评估是否准确地考查了学习内容与认知技能？

结果效度：数据在特定用途中是否有效，结果是否可能产生负面影响？（示例请参见情境1。）

八个指导性问题

下面的指导性问题将有助你实现课程、教学和评估的一致性。关键是要提前计划，也有许多教师发现与他人合作是有益的。

1. 我有没有温习课程和其他相关的课程标准文件？

2. 我从材料中确定了持久性理解的内容了吗？

3. 我是否确定了明确的学习目标，确定了学生在单元学习结束时的知识目标和能力目标？

4. 我是否确定了学生如何证明其已经达到了预期的学习目标？

5. 我是否确定了将要评估的特定知识和技能的认知水平？评估蓝图对这一过程很有帮助。

6. 我是否确定了最符合认知水平的测试题目类型？了解选择题、简答题和表现性任务的利弊是完成这项任务的关键。

7. 我的评估设计是否使问题与计划考查的学习目标的内容和认知水平一致？

8. 学习活动和资源是否有助于学生完成学习目标？

作者简介

詹姆斯 · H. 斯特朗（James H. Stronge ）是斯特朗联合教育咨询公司的总裁兼首席执行官，美国弗吉尼亚州威廉斯堡威廉玛丽学院教育政策、规划和领导领域教授。他的研究兴趣包括与教师质量、教师和管理人员评估相关的政策和实践。他的工作重点是研究如何识别有效的教师和如何提高教师的有效性。斯特朗创作、合作或编辑了34本书和200多篇文章和技术报告。他曾担任教师、辅导员和区级行政人员。他在阿拉巴马大学获得教育管理和规划领域的博士学位。

参考文献与资源

1. Anderson, L. W., & Krathwohl, D. R. (Eds.). (2001). *A taxonomy for learning, teaching, and assessing: A revision of Bloom's taxonomy of educational objectives.* New York: Longman.
2. Callans, M. (2012, October 19). *Reliability and validity in testing: What do they mean?* [Blog post]. Accessed at http://blog.wonderlic.com/reliability-and-validity-in-testing-what-do-they-mean on June 16, 2017.
3. Chappuis, J., Stiggins, R. J., Chappuis, S., & Arter, J. A. (2012). *Classroom assessment for student learning: Doing it right – using it well* (2nd ed.). Boston: Pearson.
4. Darling-Hammond, L., Herman, J., Pellegrino, J., et al., (2013). *Criteria for high-quality assessment.* Stanford, CA: Stanford Center for Opportunity Policy in Education.
5. DiDonato-Barnes, N., Fives, H., & Krause, E. S. (2014). Using a table of specifications to improve teacher-constructed traditional tests: An experimental design. *Assessment in Education: Principles, Policy, & Practice, 21*(1), 90–108.
6. Isecke, H. (2011). *Backwards planning: Building enduring understanding through instructional design*. Huntington Beach, CA: Shell Education.
7. Martone, A., & Sireci, S. G. (2009). Evaluating alignment between curriculum, assessment, and instruction. *Review of Educational Research, 79*(4), 1332–1361.
8. Marzano, R. J. (2006). *Classroom assessment and grading that work.* Alexandria, VA: ASCD.
9. McTighe, J., & Wiggins, G. (2013). *Essential questions: Opening doors to student understanding*. Alexandria, VA: ASCD.
10. Pellegrino, J. W. (2006). *Rethinking and redesigning curriculum, instruction and assessment: What contemporary research and theory suggests.* Retrieved from www.tc.umn.edu/~cliao/Pellegrino-Rethinking-and-Redesigning.pdf on June 23, 2017.

11. Stronge and Associates Educational Consulting. (2013). *Aligning unit tests and backwards instruction planning* [PowerPoint presentation]. Richmond: Virginia Department of Education, Office of School Improvement.

12. Stronge, J. H., Grant, L. W., & Xu, X. (2017). *Designing effective assessments.* Bloomington, IN: Solution Tree.

13. Webb, N. L. (2010, October). *Content complexity and depth of knowledge as applicable to research and practice.* Paper presented at ISTE International Conference on Mathematics, Science, and Technology Education, Phalaborwa, South Africa.

14. Wiggins, G., & McTighe, J. (2005). *Understanding by design* (2nd ed.). Alexandria, VA: ASCD.

15. Wiggins, G., & McTighe, J. (2011). *The understanding by design guide to creating high-quality units.* Alexandria, VA: ASCD.

17

通过反思培养教师能力

（BUILDING TEACHER CAPACITY THROUGH REFLECTION, 2018）

彼特·霍尔（Pete Hall）
艾丽莎·西蒙拉尔（Alisa Simeral） 著

袁 博 译

1 个反思圈

4 个连续阶段

32 个反思问题

反思的重要性

花一点时间想想你见过的最好的任课教师：是什么让他们与众不同？也许所有优秀的特征都源于一点：驱动行为的元认知习惯。简而言之，即想法驱动行为。一位优秀的老师会注重学生间的差异，能够与学生建立亲密和谐的关系，致力于创建更加全纳、接纳的课堂氛围。一个优秀的教育工作者对课程和内容有不同的看法，为学生学习建立起更深层次的联系，同时，善于运用不同的教学策略，以更有效的方式吸引学生参与学习。

反思影响学习

学生的学习既是我们的最终目标也是我们的起点——目标推动我们走向卓越，问题引导我们走向更深层次的反思。如果教师正确进行反思，就可以对学生的学习产生积极影响。快速浏览一下教师思维和学生学习之间的因果关系，找出其中的联系。

反思非常重要，怎么强调都不为过。

什么是自我反思?

自我反思	非自我反思
通过以下方式发展、检查和完善思维过程、信念和行为的能力： ◇树立对教育环境（学生、内容和教学）的认知。 ◇有意识地计划和行动。 ◇评估决策和行为的影响。 ◇根据评价中获得的反馈调整行动方案。 ◇不断地进行反思。	待办事项列表中的遵从性驱动任务： ◇自我批评会导致内疚、后悔、焦虑和压力。 ◇只关注错误和缺陷。 ◇进行非生产性的练习，迫使你回顾、评估行为和表现。 ◇只在有额外时间的时候才问问题。

（Hall & Simeral, 2015, pp.14–15）

反思的五个益处

当你花时间反思时，你会把自己放在第一位，并照顾好自己！以下是反思的一些好处。

1. 增加幸福感和个人成就感，培养管理焦虑和压力的能力。
2. 提升决策能力。
3. 提高智力。
4. 培养情感调节能力。
5. 促进内在动机。

什么是反思型实践者?

反思型实践者指的是花时间检查和质疑自己的行为、教学方式、教学内容和回应方式的老师。

反思型实践者的特点

注意教学实际。我对学生、教学内容和教学方法了解多少？我是否清楚自己的目标？我是否了解高效的教学方法？

质疑教学行为。我如何有意识地计划和教授教学内容的各个方面？我是不是每一次都小心翼翼地做决定？

考虑行为影响。我如何知道我的行为是否影响了学生的学习？我所做的是有效的吗？我在我所强调的领域有进步吗？

挑战教学现状。我如何有效地回应持续性评价的结果？我是否能够进行中期修正，以更好地满足学生直接的（和长期的）需求？

什么是有效的自我反思？

反思型实践者以一种可预测的思维模式来发展、检查和改善思维过程，以磨炼自身的专业实践能力。

反思周期（Reflective Cycle）

注意下图中四个象限之间的关系。我们的思维从右上方开始，按顺时针方向不断进行更深层、更准确、更频繁的元认知。

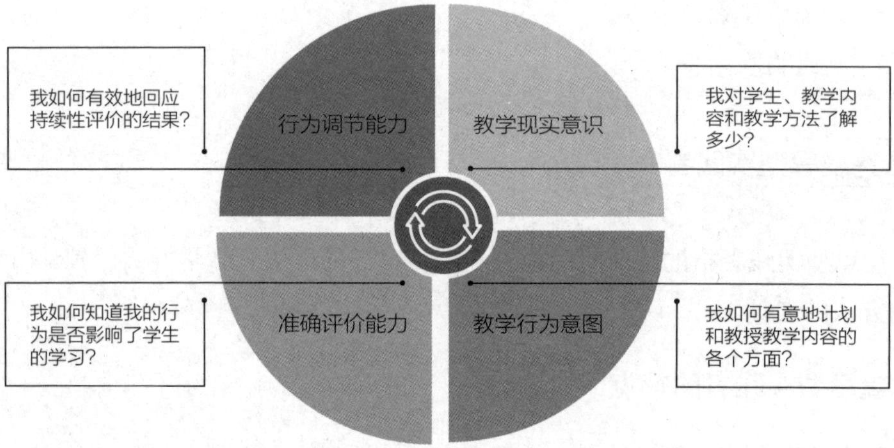

注意反思的陷阱

反思有一个明显的陷阱！

肤浅的陷阱：要是不小心，反思可能成为另一种“遵从行为”，对实践几乎没有任何影响。（你是否曾“反思”后，丝毫没有改变呢？）

当我们反思行为时，目的是加深行动中的反思能力……，因为我们的目标是培养在行动中观察、表现、评价和反应的能力。如果我们的反思行为并没有影响行动，就有可能落入这一陷阱。

反思行为（Reflection-ON-Action）： 行动后的反思是有意识的，通常有记录。	行动中反思（Reflection-IN-Action）： 反思我们正在做的事情的能力。

元认知

一个重要的组成部分

元认知是一个人对思维习惯和思维模式的自我意识。具备元认知意识是成为反思型实践者的第一步，它能够帮助我们进入反思周期。正如通过高速公路的入口匝道，进入反思周期的四个象限。

花时间自我反思

每个人都有不同的反思方式，且在不同的时间会有不同的反思效果。你在什么时候进行反思效果最好呢？是在坐车时，还是在锻炼、进行园艺、烹饪或洗头的时候？当你头脑清晰、思维敏捷、积极向上的时候，请记录下你的反思。

留出5分钟

在你上课的时候，有意识地密切注意你的顿悟时刻。在手边放一个小笔记本，记下当时的一些想法，以便以后查阅。

留出15分钟

回想一下你在教学中进行得特别顺利的一部分。有意识地记住你在那一刻的想法。你知道了什么？做了什么决定？依据是什么？你知道事情进展得顺利吗？你是如何得知的？

留出1小时

回顾一天中那些你的顿悟时刻。利用反思周期，在这些反思瞬间的基础上，将其与特定象限联系起来。努力促使元认知练习透过最初的顿悟时刻，从而发展和加深理解。

连续性自我反思

连续性自我反思详细描述了四个发展阶段，当我们熟练地掌握自我反思的艺术时，我们通常会通过这四个阶段取得进步。“阶段”这个词是用来强调自我反思是一个渐进的过程，而不是一个绝对的定义。我们鼓励你记住这一点，不要简单地说这个阶段比哪个阶段好，对不同阶段做出说明只是描述了我们如何思考自己所做的事情。这些术语简单地描述了我们是如何思考我们所做的事情。

无意识阶段	有意识阶段	行动阶段	改进阶段
正在发展对自己实践进行深刻反思的能力的教师	正在努力以更大的意向和一致性进行反思的教师	致力于反思并渴望改变的教师	不断思考如何提升实践的教师

无意识阶段

这描述了你目前的反思倾向吗？

你只有在别人的提示下，才会思考。

你在课堂上面临的挑战让你感到困惑。

你很少与同事进行深入合作。

你强调你的惯例和课程。

你想知道你对学生学习的影响。

你关注的是工作本身——完成教学。

如果是这样，你很可能还处于无意识阶段。

目标

在无意识阶段，教师能力建设的目标是建立对学生、内容和教学实践的更深层次的认识。你知道得越多，学得越多，就会越从容。

如何成长

观察。关注教学和课堂中的细节。你在什么时候成功地实施了教学？你在什么时候会面临困难？

了解学生。向学生提问。观察学生是如何学习的。找出学生的兴趣所在。学生的学习目标是什么？你如何帮助他们实现这些目标？

学习。继续上课，阅读专业书籍，访问博客网站，与同事和教学伙伴进行丰富的对话，拓展自己的专业知识。

扩大专业学习社区。使用社交媒体，与同事聊天，拜访管理员和指导教练，参加会议。

如何实现目标

独自完成。开始写反思日记，记录你对教学、课堂、奋斗和成功的想法和感受。

> 小贴士
> 运用一些反思性问题作为指导，如下文的“问自己的八个问题”。

和同事一起完成。在准备期间，走进同事的教室，看他们是如何使用你想使用的指导性教学策略的。参观后向同事请教、与同事交流。

和指导教练或行政人员一起完成。邀请你的指导教练或学校行政人员在你的课堂上教授示范课。在这节课中，抓住机会观察作为学习者的学生。你注意到了什么？

问自己的八个问题

1. 作为老师，你的优点是什么？你在课堂中会做的最重要的三件事是什么？

2. 你有今年的目标吗？

如果有，它们是什么？你是如何制定这些目标的？它们是：

a）学生学习目标

b）教学技能目标

如果没有，你认为你的目标应该是什么？为什么？

3. 一个学业优秀的学生和一个学习有困难的学生之间有什么区别？

4. 为了确保班上每个孩子都成功，你扮演了什么角色？

5. 你最尊重哪位同事？为什么？你觉得这位老师有什么优点？

6. 作为一名教师，你最头疼的三件事是什么？请与你的指导教练分享。询问你的指导教练，如何支持你更好地理解和解决你发现的每一个问题？

7. 当评判学生的作业时，有多大比例的学生掌握标准或取得进步才能使你认为课程成功，为什么？

8. 你希望学校行政人员观察并提供的反馈是什么？你为什么要选这个课？

有意识阶段

这描述了你目前的反思倾向吗？

你知道你没有坚持执行的策略。

你倾向于受到外界的影响。

你对教室里发生的事一般都很了解。

你不能和同事进行良好的协调合作。

你做事有很强的惯性。

你首先关注自己和你在教与学中的角色。

如果是这样，你很可能处于有意识阶段。

目标

在有意识阶段，教师能力建设的目标是将一致性和意向性带入实践中。在你做的每一件事上都要深思熟虑，从而缩小“知道与行动之间的差距”。

如何成长

保持目标清晰。知道你想去哪里、想做什么。

注重因果关系。检查教师行为和学生成绩之间的关系。当你做X，学生做Y，如果你把X换成W，学生的反应会不同吗？

制订计划。根据你的目标和你所确定的专业成长领域，花些时间来阐明你通往成功的道路。

与他人联系。与同事就数据、课程计划、教学策略、关系建立以及你所做的一切进行专业对话。

如何实现目标

独自完成。选择一名没有掌握最近学习目标的学生。花一天时间仔细观察这个学生，与其交谈。列出学生的三个需求，并思考如何更好地满足这些需求。

和同事一起完成。让一个值得信任的同事和你一起设计一堂课。注意你的同事在课程设计过程中是如何思考的。让他们做有声思考，让这个过程变得透明。

和指导教练或行政人员一起完成。让你的指导教练帮助你处理从管理者那里得到的反馈。注意这些反馈是如何改变你的想法和鼓励你改变你的教学的。

问自己的八个问题

1. 你什么时候最适合做教学计划？

2. 你通常在什么时候反思教室里发生的学习？

3. 当你偏离典型教学方法时，学生们会有何种反应？

4. 你掌握的教学策略是什么？你怎么知道它们是否有效？

5. 你听说过但没有在课堂上实施的教学策略是什么？关于这个策略你已经知道些什么？这个教学策略是否对你的学生有效？

6. 实施新策略会如何促进学生的学习？

7. 考虑一下你今天教的一堂课。你为什么选择这种教学策略？

8. 反思你最近教过的一堂课。如果成功了，是什么让它成功的？如果它没有按预期展开，你认为它为什么失败了？

行动阶段

这描述了你目前的反思倾向吗？

你承诺采取措施影响学生的学习结果。

你会在教学前后进行自我反思。

你注意到学生表现和课堂元素的趋势和主题。

你试图始终如一地执行基于研究的策略。

你在有限的基础上与同事开展合作。

你关注的是教学的科学性——以正确的方式使用正确的策略。

如果是这样，你很可能是在行动阶段。

目标

在行动阶段，教师能力建设的目标是不断地评估你行为的影响力。密切关注实践对学生学习的影响程度。

如何成长

评估。衡量你行为的影响力——你所做的工作有效吗?

扩展你的知识储备。学习新的策略和方法以更好地满足学生的需求。

向同事寻求建议。你的同行、教练和管理者也有知识和经验——运用它们吧!

揭示“原因”。为什么策略会奏效?为什么一个学生会遇到困难?继续挖掘更深的原因。

如何实现目标

独自完成。回顾一份最近的课程计划，并思考你是如何构建它的。你为什么选择使用这些策略?预期的学习结果是什么?你有评价学生学习情况的计划吗?你的评价策略在多大程度上反映学习结果?

和同事一起完成。作为一个团队，从共同的任务中分析学生的学习。用一个标题来指导，讨论共性和差异。

> **小贴士**
>
> 扩展对话是非常重要的，包括：每个人是如何授课的?你是如何引入这一任务的?是否解释了标题?这些细微差别在反思型实践者的成长中是必不可少的。

和指导教练或行政人员一起完成。邀请你的指导教练到你的教室来上一堂课。在他们教学时，观察你的学生。学生什么时候最投入?你能收集到什么证据来揭示他们行为背后的想法?

小贴士 也要观察指导教练！有什么证据显示他们此刻有反应？他们有没有利用或错过学习的机会？

问自己的八个问题

1．选择一堂课来剖析。你使用了什么教学策略？你为什么选择这些策略？

2．分析同一堂课的学生作业样本。这一堂课在多大程度上是成功的？对于那些学习有困难的学生来说，为什么会出现这些困难？

3．这一课的内容如果你要再教一遍，你会有什么不同的做法？为什么？这将如何影响结果？

4．试选你的三个学生。考虑如何让每个人的学习效果达到最好？你的教学策略如何与学生的不同学习需求相匹配？

5．错误是如何显示学生的已有知识的？这些错误是可以预测的吗？

6．你还想了解的教学内容是什么？为什么？这将如何影响你的实践？这将如何影响学生的学习？

7．什么时候你可以实施当下的干预和修正路线？这是你可以培养的技能吗？如何培养？

8．你会找谁来“谈论”教学？作为一个专业人士，这些对话是如何丰富你的阅历的？它们如何影响学生的学习结果？

改进阶段

这描述了你目前的反思倾向吗?

你承认你是影响学生学习的变量。

在教学前、教学中、教学后，你都要进行自我反思。

你通过反思来发现提高的机会。

你寻找同事合作。

你要考虑你在课堂之外的影响。

你专注于教学的艺术。

如果是这样，你很可能是在改进阶段。

目标

改进阶段教师能力建设的目标是不断成长，确保每一个学生在每一堂课上的成功。积极影响你课堂之外的专业！

如何成长

积极思考。预见学生的迷思概念，准备B计划、C计划和G计划。

招募同事。开始一个行动研究项目、组建读书俱乐部或学习共同体。让你的同事和上司参与到关于专业实践、学习和教学体系的丰富讨论中。

调整。注意并适应当下的优势和劣势。

为他人建立反思模型。通过教学、团队会议上的大声思考、指导、共同规划或其他途径，向他人展示你是如何看待成功之路的。

如何实现目标

独自完成：选择一个没有掌握最近一堂课学习目标的学生。深入了解：他犯了什么错误？他有哪些优势或知识差距，这告诉了你什么？让学生向你解释他的想法，然后制订一个计划来共同提高学习。

和同事或学习共同体一起完成。拍摄一节课并与你的同事分享。让他们对你的课堂教学给予反馈，并让他们指出你应在什么时候根据学生的需要做出快速调整。解释你是如何设计那一堂课的，为什么你选择了某些活动，以及你的自我反思如何影响了这个特殊的教学时刻。

和指导教练或行政人员一起完成。主动申请担任学校的领导。询问是否有一个委员会需要采用另一种观点、是否有团队需要领导、是否有同事需要导师等。

小贴士

尽可能多地使用“大声思考”。你的价值不局限于你做什么，而在于你怎么想。

问自己的八个问题

1. 你如何规划你的教学策略？你认为学生们的表现如何？
2. 当你为迷思概念做准备时，你会考虑哪些选择来避免错误？
3. 你如何评估和分析学生的表现，这与你的课程计划有什么关系？

4．在课堂上，你如何分配你的注意力？在教室里哪些最值得看、听和注意？

5．你如何有效地让学生解释或展示想法？

6．你可以采取哪些步骤将你的队友和同事聚集在一起，讨论学生学习、最佳实践、数据分析或其他有效实践的方面？

7．你有什么机会在你的部门、学校、区域担任领导角色？

8．在你的教学中，有哪一点是你觉得很有把握分享的？你会写博客吗，会写一篇文章吗，还是出席会议，指导一个实习教师？

反思的意义重大！

虽然大脑不是肌肉，但是它也像身体的其他肌肉一样，需要不断地练习，才能保持健康。

提高我们的影响力、提高学生成绩的关键在于我们有能力进行频繁、准确和深刻的自我反思。我们反思得越频繁，反思的准确性就会越高，深度也会越深。这类似于“使用它或失去它”的道理。

反思应该做的和不应该做的	
成为一个反思型实践者……	
应该做	**不应该做**
有意识地留出时间来反思每一天	给自己压力，让自己变得完美
注意你的想法和你的反思习惯	期待反思“自动发生”
保持开放的心态	等到一个单元或学年结束时再反思
专注于你的目标	试着立刻对每件事进行反思
将奋斗视为成长的机会	如果事情不是一直顺利，你会感到沮丧

六周反思挑战

参加“六周反思挑战”来锻炼你的“反思肌肉”。可招募同事和你一起参与挑战！

第一周

开始写反思日志。追踪事情进展顺利的时刻和事情出错的时刻，进行反思并写下来。

第二周

确定你当前与你的职业实践目标相关的习惯，并尝试培养一个新的习惯。你在忙什么？你通常是怎么做的？如果你把它们混在一起会发生什么？

第三周

设定一个观察同事的时间。重点是观察一个在你正在改进的事情上有某种技能或经验的同事。事后向该同事汇报观察的情况。

第四周

邀请行政人员走访你的班级，设定一个时间来讨论反馈。这可以帮助你训练注意力，并从一个不同的角度看待当前的实践。征求意见和建议，专心聆听。

第五周

让你的指导教练看看行政人员的反馈和策略。从行政人员那里获得反馈，创建一个计划，以便在未来的课程中实现它。你的指导教练可以集思广益，鼓励你继续努力。

第六周

和值得信赖的同事一起（或单独）回顾你的反思日志。注意，在你六周的日记中出现了什么主题？你对自己有什么了解？你在想什么？采取了哪些做法？这将如何影响你未来的思考和专业实践？

常见问题

? 我可以不写日记而思考吗？我不喜欢写日记。

当然！有时你更喜欢独自思考，有时你需要一个伙伴来一起处理事情。也许你更喜欢和行政人员交谈，或者对着家里的宠物说话。关键是把你的精神能量分配到你收集的关于职业经验的信息片段上，并用它们来推动你的思想和行动向前！

聪明工作方法的四个步骤

我们都确定了明智的目标（策略性的、可衡量的、积极的、结果导向的、有时限的）。当我们加入了“反思”元素，并有意识地思考带来成功的行动时，我们已经开始使用聪明工作方法，其关键是形成一个自动内置的反思计划。

<table>
<tr><td rowspan="2">第一步</td><td colspan="3">设定目标</td></tr>
<tr><td colspan="3">你重点想解决的是什么问题？将这一重点改写为目标宣言。
你想完成什么？它是如何符合你当前的自我反思目标的？</td></tr>
<tr><td rowspan="2">第二步</td><td colspan="3">确定完成这个目标的时间表</td></tr>
<tr><td>在每次签到时，反思你的进度，找出已经出现或可能出现的问题。</td><td>完成日期：</td><td>签到 1：
签到 2：
签到 3：
签到 4：</td></tr>
<tr><td rowspan="2">第三步</td><td colspan="3">记录三个行动步骤，包括反思，你将致力于实现这个目标</td></tr>
<tr><td colspan="2">请同事、指导教练和行政人员来帮助你创建这个计划。确保有目的地进行反思。要知道你的行动是灵活的——如果某些事情不起作用或者环境发生变化，请调整你的计划。</td><td>动作步骤A：
动作步骤B：
动作步骤C：</td></tr>
<tr><td rowspan="2">第四步</td><td colspan="3">确定你的支持团队</td></tr>
<tr><td colspan="3">谁将成为你的责任伙伴，确保你始终如一、有意识地跟进这些行动步骤并坚持不懈地实现你的目标？你为什么选择这个人？</td></tr>
</table>

记住：取得成就需要庆祝！

对于你的进步和目标的实现，你将如何庆祝？

常见问题

我已经做到了持续性反思，那么，我是一名专业教师吗?

在某种程度上是的。我们同意你一直在思考。但为了做到真正的反思，这种思考必须是集中的、有目的的，并且为实践带来持续的转变。

我应该反思什么?

你想提高的教学内容是什么？你今年设定职业实践的目标了吗？你的部门、学校或区域有教学重点吗？这些问题的答案可以指导你：通过反思那些对你重要且你已经在做的事情，你将学会更有效地反思。

我应该什么时候反思？我有点忙。

没开玩笑！首先，尽可能地反思——通过反思的步骤有意识地引导反思过程。随着你对行动的反思越来越精通，你就越有可能在行动中进行反思。

我如何对反思保持专注?

在我们的职业生涯中，我们太专注于做事情，以至于我们经常忽略思考。以下的方法有助于解决这个问题：在你能看到的地方张贴提醒，在手机上设个闹铃，或者找一个朋友做你的可靠伙伴。

我如何让我的同事和我一起反思？他们说他们太忙了。

我们都有一大堆事情要做。也就是说，如果我们想在工作中做得更好，我们需要分配精力来提升反思能力。我们必须集中精力，真正致力于完善实践。

作者简介

彼特·霍尔（Pete Hall）是一名职业发展代理人，也是前获奖校长。他和家人住在伊利诺伊州的科达伦。

艾丽莎·西蒙拉尔（Alisa Simeral）是一位职业发展专家和前获奖教练。她和家人住在内华达州里诺市。

两人都致力于各自的职业生涯能力建设。除了写作之外，他们还与国际上的学校和地区进行交流，以帮助教育者和教育领导者变得更加善于反思、更高效。

参考文献

1. Beatty, B R. (2000). Teachers leading their own professional growth: Self-directed reflection and collaboration and changes in perception of self and work in secondary school teachers. *Journal of In-Service Education. 26*(1), 73–97, DOl: 10.1080/13674580000200102.
2. Dewey, J. (1910). *How we think*. New York: Heath and Company.
3. Di Stefano, G., Gino, F., Pisano, G. P., & Staats, B. R. (June 14, 2016). *Making experience count: The role of reflection in individual learning*. Harvard Business School NOM Unit Working Paper No.14–093.
4. Hall, P., & Simeral, A. (2008). *Building teachers' capacity for success: A collaborative approach for coaches and school leaders*. Alexandria, VA: ASCD.
5. Hall, & Simeral, A. (2015). *Teach, reflect, learn: Building your capacity for success in the classroom*. Alexandria, VA: ASCD.
6. Hall, & Simeral, A. (2017). *Creating a culture of reflective practice: Capacity-building for schoolwide success*. Alexandria, VA: ASCD.
7. Moon, J. (1999). *Reflection in learning and professional development theory and practice*. Kogan Page Limited, London. pp.1–214.
8. National Board for Professional Teaching Standards. (2012). *The five core propositions*. Retrieved from http://www.nbpts.org/five-core-propositions.
9. Schon, D. (1983). *The reflective practitioner: How professionals think in action*. New York: Basic Books.

译后记

进入21世纪的20年里，国际教学理论的研究取得了一些重要进展，在全脑教育、心智习惯、社会情感、项目化学习、理解为先、扶放有度、协同教学、精准课堂、全纳学习、评估赋能、讨论组织、提问设计、专业发展等主题领域都有一些新鲜的观点和实操应用，可以为广大教师落实核心素养培育和培养学生的高阶思维能力提供帮助。鉴于此，我们特别推出《新教学理论速览》一书。

《新教学理论速览》选自美国著名中小学课程与教学专业组织“美国督导与课程开发协会”（Association for Supervision and Curriculum Development, ASCD）出版的多册便览单行本，现在合订为一本。原版书图文并茂，用最直观形象的图示和最精炼可读的文字向广大一线教师普及当前流行并且行之有效、影响面较大的新教学理论（模式、方式、策略等）。本书一共17篇，出版时间为2016—2020年，时效新鲜。本书的策划出版，帮助老师们实现了一册在手，速览国际教学理论发展和教学改革实践的趋向，并为广大教师结合实际、努力将之转化为课堂应用提供便利。

本书中的教学理论本身大都有相应的专著，其中有些专著已经翻译成中文出版，若读者感兴趣可进一步阅读相关专著。

本书由浙江大学教育学院盛群力教授和浙江理想教育研究院院长、正高级教师滕梅芳主持翻译，盛群力审校。

衷心感谢教育科学出版社社长、总编辑郑豪杰先生的大力支持，衷心感谢教师教育编辑部池春燕主任和颜晴编辑提供的帮助和高效工作。

本书的翻译可能会出现一些不足之处，请读者朋友指正！

盛群力

出 版 人　郑豪杰
策划编辑　池春燕
责任编辑　颜　晴
版式设计　锋尚设计　孙欢欢
责任校对　马明辉
责任印制　叶小峰

图书在版编目（CIP）数据

新教学理论速览 /（美）杰伊 · 麦克泰（Jay McTighe）等著；盛群力等译. — 北京：教育科学出版社，2023.4（2023.11重印）
（新学习 / 新教学译丛 / 盛群力，滕梅芳主编）
ISBN 978-7-5191-3220-0

Ⅰ.①新… Ⅱ.①杰… ②盛… Ⅲ.①中小学—教学研究 Ⅳ.① G632.0

中国版本图书馆 CIP 数据核字（2022）第 152890 号

新学习 / 新教学译丛
新教学理论速览
XIN JIAOXUE LILUN SULAN

出版发行	教育科学出版社		
社　　址	北京 · 朝阳区安慧北里安园甲 9 号	邮　　编	100101
总编室电话	010-64981290	编辑部电话	010-64981265
出版部电话	010-64989487	市场部电话	010-64989009
传　　真	010-64891796	网　　址	http://www.esph.com.cn

经　　销	各地新华书店		
制　　作	北京锋尚制版有限公司		
印　　刷	三河市兴达印务有限公司		
开　　本	720 毫米 ×1020 毫米　1/16	版　　次	2023 年 4 月第 1 版
印　　张	15.75	印　　次	2023 年 11 月第 2 次印刷
字　　数	217 千	定　　价	49.80 元

Using Brain Science to Make Learning Stick
By Bryan Goodwin and Tonia Gibson
Cultivating Habits of Mind
By Arthur L. Costa and Bena Kallick
The Fundamentals of Understanding by Design
By Jay Mctighe
Getting Started with Project Based Learning
By John Larmer
Designing and Using Essential Questions
By Jay Mctighe
Questioning Strategies to Activate Student Thinking
By Jackie Acree Walsh
Improving Classroom Discussion
By Jackie Acree Walsh
Engaging Students in Every Classroom
By Susan Hentz and Michelle Vacchio
Gradual Release of Responsibility in the Classroom
By Douglas Fisher and Nancy Frey
Increasing Rigor in the Classroom
By Barbara R. Blackburn
Inclusion Do's, Don'ts, and Do Betters
By Toby J. Karten
Integrating SEL into Everyday Instruction
By Nancy Frey, Dominique Smith and Douglas Fisher
Co-Teaching Essentials
By Susan Hentz
The Formative Assessment Learning Cycle
By Susan M. Brookhart and Jay Mctighe
Rubrics for Formative Assessment and Grading
By Susan M. Brookhart
How to Align Assessment to Curriculum and Instruction
By Stronge and Associates
Building Teacher Capacity through Reflection
By Pete Hall and Alisa Simeral

北京市版权局著作权合同登记图字：01-2023-1672